BEIRDD BRO'R EISTEDDFOD SIR GÂR

BEIRDD BRO'R EISTEDDFOD SIR GÂR

Gol. Geraint Roberts

Diolch i'r beirdd am ganiatáu i ddetholiad o'u gwaith ymddangos yn y gyfrol hon ac am ymddiried yn y golygydd i ddethol o'r cerddi a gyflwynwyd iddo. Diolch hefyd i Tudur Hallam am ei barodrwydd i lunio cyflwyniad i'r traddodiad barddol ym mro'r Eisteddfod.

Ymddangosodd 'Tenzing' a 'Portread o Wraig Weddw' Tudur Hallam yn *Taliesin*, 141 (Gaeaf 2010).

Ⓟ Geraint Roberts/Cyhoeddiadau Barddas Ⓒ
Argraffiad cyntaf 2014

ISBN 978-1906-396-71-8

Cyhoeddwyd gyda chymorth ariannol Cyngor Llyfrau Cymru.

Cyhoeddwyd gyda chymorth ariannol Cyngor Llyfrau Cymru.

Cyhoeddwyd gan Gyhoeddiadau Barddas.
Argraffwyd gan Wasg Dinefwr, Llandybïe.

CYNNWYS

TRADDODIAD BARDDOL SIR GAERFYRDDIN

Ein pencampwr, heb os, yw William Williams, Pantycelyn, ein 'pêr ganiedydd' (1717–91). Dyma'r math o fardd, yn wir, a all fod yn ganolbwynt i draddodiad barddol ein cenedl gyfan, a byddwn, felly, am ddarllen y traddodiad hwnnw, ymlaen ac yn ôl, mewn perthynas ag ef. Dyna a wnaeth Saunders Lewis yn 1927, gan ddadlau mai 'Williams yw'r bardd pwysig cyntaf ar ôl y Cyfnod Clasurol ... a'r bardd modern cyntaf yn Ewrop'.[1] Yn nhalwrn y gyfres hon, lle y cais pob un sir frolio'i champ a gosod gerbron y genedl ei sbardunau mwyaf miniog, taflwn ni'r ceiliog llachar hwn i'r cylch gan ddisgwyl goruchafiaeth lwyr, wrth gwrs.

> Mae'r Brenin yn y blaen,
>   'R ŷm ninnau oll yn hy;
> Ni saif na dŵr na thân
>   O flaen ein harfog lu;
> Ni awn, ni awn dan ganu i'r lan,
> Cawn weld ein concwest yn y man.[2]

Heb os, mae'n ddigon posib y daw atom rai beiddgar i dalyrna â ni o Frogynin, Ceredigion, i'n herio â'u Dafydd ap Gwilym (*fl. c.* 1330–50), ac mi aiff yn ddadl rhyngom wedyn ynghylch union bedigri'r ceiliog hwnnw. Wedi'r cyfan, yn ôl un traddodiad, yn Abaty Talyllychau, sir Gaerfyrddin, y claddwyd Dafydd, nid yn Ystrad-fflur. Ac onid ei ewythr, Llywelyn ap Gwilym, cwnstabl Castellnewydd Emlyn, oedd ei athro barddol ef? Ac felly yr ymgecrwn yn ein blaen, gan anghofio'n llwyr am gwmpas yr hen Ddyfed (y deyrnas, nid y sir) ac am y modd y teithiai'r bardd hwn, lawn cymaint â Lewys Glyn Cothi ac Ieuan Deulwyn, a Phantycelyn ar eu hôl, i bob cwr o Gymru. (O ran hynny, meddylier am feirdd amlwg a fagwyd yn y sir yn ddiweddar – Nia Môn, Eurig Salisbury, Hywel Griffiths, Iwan Rhys ac Aron Pritchard – ond a fydd efallai'n rhan o gyfrolau eraill y gyfres hon.) Hawdd anghofio nid yn unig ein bod ni oll yn rhannu'r un traddodiad barddol cenedlaethol, ond i'r beirdd ddatblygu'r ymwybod o genedl ymhlith y Cymry.

Daw, fe ddaw eraill i'n herio. Bydd y Powysiaid a'r Gwyneddigion, debyg iawn, yno'n ymrafael ymysg ei gilydd ynghylch eu hawl ar Gynddelw Brydydd Mawr (*fl.* 1155–95); ond yn ei achos ef – ceiliog boliog, balch, o'r math mwyaf sermonïol – defnyddiwn ni dacteg wahanol, ac atgoffa'r dorf i'r bardd hwn ganu cyfres o gerddi cain i'r Arglwydd Rhys, 'glew fugail Cymry' (m.1197).[3] Gwnaeth hynny, nid yng Ngwynedd na Phowys, eithr yn Neheubarth, y deyrnas a oedd yn gynhaliaeth sicr i feirdd, 'Diheuborth cerddorion'.[4] Deheubarth, wrth gwrs, oedd y deyrnas honno a greodd Hywel Dda oddeutu 920 drwy uno ynghyd Ddyfed a Seisyllwg. A chofier mai Dinefwr oedd prif lys y deyrnas honno – un o'r tair prif ganolfan frenhinol yng Nghymru – ac i'r traddodiad o noddi'r beirdd oroesi wedi'r Goncwest; er enghraifft, yn y canu mawl i Ruffudd ap Nicolas (*fl.* 1415–1460) a'i ŵyr, Syr Rhys ap Tomas (1449–1525). Cofiwn hefyd mai'r cyntaf o'r ddau a noddodd yr eisteddfod bwysig a gynhaliwyd yng nghastell Caerfyrddin (*c.* 1451). Fel y digwydd eleni eto, denodd yr eisteddfod honno feirdd gorau'r wlad i Gaerfyrddin. Gwobrwywyd un ohonynt, Dafydd ab Edmwnd,

â chadair arian fechan. Roedd hynny'n ddigon o reswm iddo ef
ddechrau ar y gwaith o ddiwygio rheolau'r gynghanedd a'r canu
caeth. Hawdd iawn i brifardd feddwl ei fod yn dduw!

Mi hawliwn ni bawb a phopeth i sir Gaerfyrddin. Onid ym
Mancffosfelen y dysgodd Bobi Jones rythmau'r Gymraeg, d'wedwch?
A chofiwch mai ym Mhentre-cwrt y ganed T. Llew Jones! A
chymaint yr hwyl fel y neidiwn i ganol y talwrn â'r Llyfr Du yn ein
llaw. Wedi'r cyfan, Llyfr Du Caerfyrddin, a gysylltir yn bennaf
â phriordy Awstinaidd y dre, yw'r casgliad ysgrifenedig hynaf
o farddoniaeth Gymraeg. Er mor brin o safonau proffesiynol
ei hoes ei hun yw'r llawysgrifen, dyma drysor cenedlaethol go
iawn. Yn wir, bu'n rhaid i'r gŵr a fu'n feddyg i'r Frenhines
Fictoria, Syr John Williams – un a aned yng Ngwynfe, sir
Gaerfyrddin, ac a ddychwelodd yn 1903 i fyw ym Mhlas
Llansteffan – dalu mwy am y Llyfr Du, sef llawysgrif Peniarth 1,
nag unrhyw un o'r llawysgrifau eraill yng nghasgliad Hengwrt/
Peniarth.[5] Maes o law, trosglwyddodd ei gasgliad cyfan i'r
Llyfrgell Genedlaethol, ar yr amod mai yn Aberystwyth y
sefydlwyd hi.

Wrth gwrs, mae priordy'r dre hefyd yn enwog am roi
cyfran o'i addysg i Lewys Glyn Cothi, un o feirdd mwyaf y
bymthegfed ganrif.[6] Mae i'w ganu yn sicr werth hanesyddol
amhrisiadwy, gan ei fod yn rhoi inni ddarlun clir o gyfundrefn
noddi'r beirdd yn y bymthegfed ganrif, ond mor rhwydd
a theimladwy yw cynganeddu'r bardd hwn fel na ellir ond
tybio bod sawl un o'n cynganeddwyr cyfoes yn ddisgyblion
iddo. Diolch i *Barddoniaeth yr Uchelwyr* (1959), *The Oxford
Book of Welsh Verse* (1962), yn ogystal â chwricwlwm ysgol
a choleg, bydd llawer ohonom eisoes yn gyfarwydd â'i gerdd
enwocaf, 'Marwnad Siôn y Glyn'. Yn wir, bob tro y daw
cais gan un o'r plantos am afal yn y gegin gartref, mi ddaw'r

llinellau isod i'r cof, ac fe ymddengys y bymthegfed ganrif, ac un crwt yn arbennig felly, yn agos iawn ataf i:

Afal pêr ac aderyn
A garai'r gwas, a gro gwyn;
Bwa o flaen y ddraenen,
Cleddau digon brau o bren.
Ofni'r bib, ofni'r bwbach,
Ymbil â'i fam am bêl fach.
Canu i bawb acen o'i ben,
Canu 'ŵo' er cneuen.
Gwneuthur moethau, gwenieithio,
Sorri wrthyf fi wnâi fo,
A chymod er ysglodyn
Ac er dis a garai'r dyn.[7]

Nid dyma'r unig gerdd drawiadol o eiddo'r bardd, wrth gwrs, a chyda Guto'r Glyn a Dafydd Nanmor ystyrir Lewys Glyn Cothi yn un o gewri'r canu mawl yn y bymthegfed ganrif: 'yn grefftwr geiriau o'r radd flaenaf', chwedl Dafydd Johnston.[8] Dyma roi, felly, yn ymyl sbardunau'r emynydd mawr, bencerdd arall y mae'n hawdd iawn i ni heddiw ymserchu yn natur rythmig-sgyrsiol ei waith, yn enwedig felly yn achos y cywydd marwnad i'w fab:

Un mab oedd degan i mi;
Dwynwen! Gwae'i dad o'i eni!

Dyma ganu syml, dwys, grymus sy'n treiddio'n ddiymdrech i'n dyfnderoedd ninnau.

Bid siŵr, mi allem fwrw ambell geiliog arall o'r un cyfnod i'r cylch ymrafael, yn enwedig felly Ieuan Deulwyn o Gydweli

(*fl.* 1460) – un arall o feirdd y sir a deithiodd i bob cwr o
Gymru i ganu mawl. Yn wahanol i Lewys Glyn Cothi, canodd
hefyd gorff sylweddol o ganu serch, ac ym marn Ifor Williams,
'Medr blethu cerdd yn felys i ennill clust a chalon ei riain mewn
cwpledi mor bersain â bardd Glan Teifi ei hun weithiau'.[9]

> Beth am serch? Ba waeth im sôn?
> Blas d'enau yw blys dynion.

Bardd arall a chyfoeswr i Ieuan Deulwyn ydoedd Ieuan Tew
Brydydd Hen (*fl.* 1460), ac mae'r ddau ymryson a fu rhyngddo
ef a Harri ap Hywel, ficer Llandyfaelog ac archddiacon
Caerfyrddin (*fl.* 1480–1509), yn tystio i fath newydd ar fardd
yn y cyfnod hwn, sef y bardd-offeiriad. Fel y prawf canu
cellweirus, a masweddus ar dro, Syr Phylib Emlyn, nid oedd
cynnyrch y bardd-offeiriad bob amser yn ymwneud dim oll â'i
swydd![10] Er ein bod ni yma, felly, yn ymfalchïo yng nghanu un
o feirdd mawl y bymthegfed ganrif, Lewys Glyn Cothi, rhaid
inni gofio bod cynnyrch beirdd y cyfnod yn dra amrywiol, a
bod ynddo ambell gerdd ddigon trawiadol sydd fel pe bai'n
canu o hyd. Ystyrier, er enghraifft, y darn isod o'r cywydd
ymryson ffraeth 'Cynghori Ieuan Tew i beidio â charu merch
ifanc' o waith Harri ap Hywel. Onid yw'r dychan mor gyfoes
heddiw ag erioed?

> Rhy hen wyd i'r ddyn lwyd lain,
> A rhy ieuanc yw'r rhiain.
> Ni cheir hi, ac ni châr hon,
> Oni châr un o'ch wyrion.
> Ba ryw ddyn er barddoneg
> A'th fynnai di, ddoethfain deg?[11]

Wrth olrhain traddodiadau barddol y sir, dylem hefyd gofio nid yn unig am ganu brud Dafydd Gorlech, ond bod yr ymddiddan difyr rhwng Gruffudd ap Nicolas, Harri Dwn a Gruffudd Benrhaw yn tystio i boblogrwydd y canu rhydd cynnar ymlith yr uchelwyr yn y cyfnod hwn. Peth amrywiol a newidiol yw pob traddodiad byw, wrth gwrs. Parhaodd y canu caeth yn gryf yn oes y Tuduriaid, yn enwedig felly dan nawdd Syr Rhys ap Tomas, a dau fardd o'r cyfnod sy'n dwyn eu henwau o'r sir yw Ieuan Brechfa a Wiliam Egwad. Ond, er na allai neb fod wedi rhag-weld y newidiadau a gyflwynwyd i Gymru gan y Tuduriaid, mae'r canu rhydd cynnar yn fodd inni gysylltu barddas yr oes ag eiddo'r Ficer Prichard (1579–1644) yntau. Rhaid ei gyfrif ef yn un o feirdd mawr y sir, nid efallai am resymau llenyddol, eithr, fel y nododd Nesta Lloyd, am i'r gŵr dysgedig gyflwyno'r 'Beibl, ei egwyddorion sylfaenol a'i ddysgeidiaeth achubol, i'r Cymry anllythrennog'.[12] Casglwyd y cyfan o'i waith ynghyd o dan y teitl *Canwyll y Cymry* gan Stephen Hughes, 'apostol Sir Gaerfyrddin', yn 1681, a bu hwnnw'n llyfr mor ddylanwadol â *Taith y Pererin*, ac yn fodd i baratoi'r Cymry ar gyfer Pantycelyn a chwyldro'r anghydffurfwyr.

Rhwng y naill fardd mawr a'r llall, Lewys Glyn Cothi a Phantycelyn, gwelwyd newidiadau cymdeithasol a gwleidyddol enfawr – y wasg argraffu, y Dadeni, y Deddfau Uno, y Diwygiad Protestannaidd, y Rhyfeloedd Cartref, heb sôn am egin ddatblygiadau'r Chwyldro Diwydiannol. Yn wir, cafodd y rhain, fel y nododd haneswyr megis R. T. Jenkins ac R. R. Davies fwy o effaith ar y Gymraeg a'r gyfundrefn farddol na'r Goncwest fawr a ddarostyngodd y Cymry yn 1282. Ar un olwg, er sefydlu'r dywysogaeth a threfnu bod y Cymry bellach yn byw 'o dan drefn wleidyddol na oddefai ond safle israddol iddynt hwy ac i'w priodoleddau', roedd o hyd fodd i'r uchelwyr Cymreig, fel y nododd John Davies, 'ddygymod â'r drefn newydd, yn wir i gydweithio'n frwd â hi'.[13] Er gwaetha'r Goncwest a'r trefedigaethu Seisnig, parhaodd yr uchelwyr i noddi'r beirdd Cymraeg yn y bedwaredd ganrif ar ddeg a'r bymthegfed, a chynnal yn wir eisteddfod ym mhrif ganolfan y dywysogaeth yn y De.

Teg cofio hefyd mor amharod y bu rhai o'r uchelwyr hynny, a neb amlycach na Rhys ap Maredudd o Ddryslwyn, gorwyr yr Arglwydd Rhys, i gefnogi Llywelyn ap Gruffudd, gan droi'n hytrach a thalu gwrogaeth i frenin Lloegr. Nid llai tyngedfennol mo'r sir i ddyfodol Cymru yn y drydedd ganrif ar ddeg na'r ffordd y pleidleisiai ei phobl adeg etholiadau'r Cynulliad yn 1997, neu cyn hynny, wrth gwrs, yn sgil ethol Gwynfor Evans i San Steffan yn 1966. Ys canodd Geraint Lloyd Owen:

Gwelsom Gaerfyrddin wedi hir grino
A'i daear gynnar yn ailegino,
A gweld enaid gwlad yno – o'r diwedd
Yn ei anrhydedd yn mynnu rhodio.[14]

Bu'r sir yn bwysig i'r cysyniad o *pura Wallia*, y Gymru annibynnol, ers tro byd. Dyna'r cefndir i'r awdl Gristnogol, genedlaetholgar a ganodd Bleddyn Fardd i Rys ap Maredudd ap Rhys Gryg, 'Dewrddreic Deheubarth', yn 1276–77. Ddwy genhedlaeth o'i flaen, bu'r bardd Prydydd y Moch yn canu 'Mawl Rhys Gryg o Ddeheubarth', mewn ymgais i selio'r cymod rhwng hwnnw a Llywelyn Fawr yn 1220. Mewn modd tebyg, yno i eiriol ar ran arglwydd Aberffraw – Llywelyn ap Gruffudd ap Llywelyn y tro hwn – yr oedd Bleddyn Fardd yntau. Mae ei awdl yn llawn drama, oherwydd mae fel petai'n rhag-weld y fath 'warth', y fath 'ysgarad' yn erbyn 'Llywelyn, llyw Berfeddwlad / Ysgor côr, Cymru ddiffreidiad' [Llywelyn, llywodraethwr y Berfeddwlad, / Amddiffynfa'r llwyth, amddiffynnydd Cymru].[15] Y weledigaeth glir yw fod yn rhaid wrth un tywysog i ddiogelu cenedl y Cymry rhag brenin Lloegr, a bod angen i'r arglwydd o Ddeheubarth gefnogi'r achos cenedlaethol.

Nid felly y dehonglai Rhys ei dynged. Ei uchelgais ef erioed fu meddiannu castell ei frawd (ac wedyn ei nai), Dinefwr, ac roedd mwy o obaith o hynny drwy frenin Lloegr, boed 'warth' neu beidio. Gan hynny, er gwaetha'r mawl, er gwaetha'r anogaeth, ym mhen ychydig fisoedd, a deheudir Cymru'n gwegian dan bwysau'r brenin, roedd Rhys ap Maredudd yn deyrngar i frenin Lloegr. Rhaid ei fod wedi disgwyl derbyn o law'r Sais lys ei hendaid, Dinefwr. Y gwir amdani, fodd bynnag, oedd ei fod yntau'n ysglyfaeth i drefniadaeth newydd y Goron. A chwta bum mlynedd wedi marw Llywelyn ein Llyw Olaf yn 1282, cododd mewn gwrthryfel yn erbyn Edward, ond heb fawr o gefnogaeth o blith y Cymry. Collodd ei gestyll i'r Goron, a bu ar ffo am bedair blynedd, nes ei ddal yn y man gan rai o gyn-gefnogwyr Llywelyn.[16] Fe'i crogwyd yng Nghaerefrog yn 1292: ei grogi, hwyrach, a geiriau Bleddyn Fardd yn canu lond ei ben:

Dewrddraig Deheubarth, warth wrthodiad,
Dawn adlam dinam Duw amdanad!
[Arwr dewr Deheubarth, gwrthodwr gwarth,
Boed bendith noddfa ddifrycheulyd Duw o'th gwmpas!]

Wrth reswm, bu'n rhaid i sawl un arall ystyried yr un math o benderfyniad, yr un math o 'warth' ag eiddo Rhys ap Maredudd ap Rhys Gryg. Oherwydd er gwaetha'r Goncwest ac er gwaetha'r modd yr oedd gwŷr fel Gwilym Gwyn a

Harri Dwn, dau o brif swyddogion Cydweli, yn chwarae rhan allweddol yn y drefn wleidyddol newydd, dyma'r math o weledigaeth, a'r math o ganu, heb os, sy'n medru cymell dyn i gefnogi'r sawl a fyn arwain y Cymry. Awgrymodd Saunders Lewis nad oes inni heddiw ganu o gyfnod Glyn Dŵr gan fod y beirdd wrth waith arall, hynny yw, wrth waith milwrol. Anodd meddwl, fodd bynnag, na chanodd rhywrai i ddathlu'r buddugoliaethau Cymreig, megis pan gipiwyd castell a thref Caerfyrddin ar y 6ed o Orffennaf 1403. Yn yr un modd, gresyn nad oes ar gof a chadw heddiw fawr ddim sy'n gysylltiedig ag Abaty Talyllychau.

Yn sicr, amlygodd gwrthryfel Glyn Dŵr mor fregus oedd y berthynas rhwng y Cymro a'r Sais dan y drefn newydd; mor anfodlon oedd y Cymry â'u statws eilradd mewn gwirionedd. Harri Tudur, nid Glyn Dŵr, wrth gwrs, a newidiodd hynny; ef a'r nifer dda o'r Cymry a orymdeithiodd gydag ef i faes Bosworth yn 1485. O ddehongli'r fuddugoliaeth honno yn nhermau'r proffwydoliaethau Cymreig, dilëwyd y cof am fethiant Glyn Dŵr a'r deddfau penyd yn erbyn y Cymry – deddfau a fu'n gyfrifol efallai am atalfaelu eiddo Lewys Glyn Cothi yng Nghaer. Canodd Lewys Glyn Cothi glodydd Siasbar Tudur, ewythr y brenin, a'r prif awdurdod bellach drwy'r dywysogaeth a'r Mers. Dyrchafwyd Syr Rhys ap Tomas o Ddinefwr yn farchog, a chanodd nifer o'r beirdd, gan gynnwys un o'r mawrion, Tudur Aled (*c.* 1465–*c.* 1525), ei glodydd ef. Yn wir, mae'n debyg i'r bardd yn ei henaint ymgartrefu yn y sir, dan nawdd Syr Rhys a'i deulu. Yma'n sicr y bu farw, yn abid y Brodyr Llwydion, a hynny tua'r un adeg ag y bu farw ei noddwr, Syr Rhys.

Erbyn diwedd ei oes roedd Tudur Aled wedi gweld gorwelion yr uchelwyr Cymreig yn newid dan Harri Tudur, a phwysleisiodd T. Gwynn Jones, golygydd ei waith, arwyddocâd y cwpled isod i Rys ap Tomas – cwpled sy'n crynhoi polisi'r Tuduriaid yng Nghymru a Lloegr:

> Oni wnewch chwi ni'n un iaith
> Ni wn neb yn un obaith.[17]

Ond yng ngolau'r cwpled blaenorol – 'O rhoid un yn rhaid ynys, / Nid oes i'w roi ond Syr Rhys' – synhwyrir mai gobeithio'r gorau y mae'r bardd yma, nid datgan ei gefnogaeth i bolisi uno'r Tuduriaid.[18] Meddai un arall o'r beirdd, Guto'r Glyn, yn feirniadol:

> Ac eraill gynt a gerais
> A bryn swydd a breiniau Sais.[19]

Un peth sy'n sicr: pan ddeddfodd mab 'y Cymro' Tuduraidd Harri VIII na ddylid gwahaniaethu rhwng dinasyddion ei ddwy wlad, Cymru a Lloegr, ac mai'r Saesneg fyddai iaith weinyddol a chyfreithiol ei deyrnas ef, derbyniwyd hynny'n dawel gan fonedd breintiedig Cymru. Ar anogaeth Syr Rhys, debyg iawn, y canodd Rhys Nanmor ei farwnad i fab hynaf y brenin, Arthur, a chanu mawl i Harri VIII pan orseddwyd ef yn frenin yn 1509. Roedd buddugoliaeth Bosworth wedi ei glymu ef a'r beirdd wrth Goron y Tuduriaid, ac wrth Loegr yn 'un iaith'. Ys canodd Guto'r Glyn am Syr Rhys:

> Mynnu'i ran mewn yr ynys,
> Mesur iarll y mae Syr Rys. [...]
> Cwncwerodd y Cing Harri
> Y maes drwy nerth ein meistr ni.[20]

Onid yw'r llinell 'Mynnu'i ran mewn yr ynys' yn cyfleu i'r dim ymdrechion y Cymro a'r Gymraes heddiw? (Mor wahanol oedd gweledigaeth Glyn Dŵr, a'i bwyslais ar sefydlu dwy brifysgol yng Nghymru, nid ar ddanfon meddyliau gorau'r genedl i brifysgolion Lloegr.) Yn wir, oni bai am y gorchymyn i gyfieithu'r Beibl i'r Gymraeg (1563), a oedd, am y tro o leiaf, fel pe bai'n gwrthbwyso effaith y cymalau gwrth-Gymraeg yn y Deddfau Uno (1536–43), hwyrach mai sôn am ambell fardd Saesneg o'r sir a wnawn i yma wrth drafod y cyfnod modern yn y cyflwyniad hwn – y traddodiad hwnnw sy'n ymestyn o ddyddiau James Howell (1593–1666) a John Dyer (1699–1757) hyd at weledigaeth fawr Keidrych Rhys (1915–87), gŵr dylanwadol iawn yn natblygiad ysgrifennu Eingl-Gymreig yr ugeinfed ganrif. Yn wir, oni bai am orchymyn 1563, go brin y byddai'r cyflwyniad hwn yn Gymraeg chwaith, ac ni faliai'r awdur na'r darllenydd yr un iot am hynny. Ond – ac am 'ond' tra phwysig os bu un erioed – fe ddeddfwyd o blaid y Gymraeg, yn 1563, a chyfieithu a fu, gyda phlas yr Esgob Richard Davies yn Abergwili yn fath ar gartref i'r gwaith, yn ogystal â bod yn noddfa i feirdd a llenorion.

Fel y mae hi heddiw, ni fyddai'n amhosib i mi fy hun ymddiddori yn emynau Saesneg Pantycelyn, stori Eliezer Williams (1754–1820), 'Gwen' Lewis Morris (1833–1907), Ken Etheridge o Rydaman (1911–81), a gwaith Hilary Llewellyn-Williams. Yn achos Ken Etheridge, er enghraifft, diddorol yw clywed artist dwyieithog o'r un dref â mi yn canu yn 1940:

Now let Saint George his blade
Raise in the new crusade,
Still strong and unafraid,
Striking the dragon again
For England, and for all men![21]

Lloegr oedd ein gwlad ni, onid e?[22]

A hwyrach y dylwn ddathlu gyda phawb arall eleni gampau awenyddol Dylan Thomas – un a chanddo berthynas cyn sicred â'r sir â Gwenallt, a bardd y gellir rhyfeddu at ei ddawn a'i grefft a dysgu llawer iawn ganddo.[23] Ac eto, yn fy mhrofiad i, peth Cymraeg yw traddodiad y sir; aelwyd Gymraeg y gellir croesawu'r di-Gymraeg a'r lled-Gymraeg iddi, a'u hannog i ddysgu'r iaith yn ein cwmni ac yn sŵn ein plant. Oherwydd, boed drwy berswâd yr Esgob Richard Davies, neu drwy 'ragluniaeth fawr y nef', chwedl David Charles, sicrhaodd gorchymyn 1563 fod y Gymraeg i barhau'n iaith ddysgedig ac yn iaith addas i farddas yn y cyfnod modern, a hyd heddiw. Tystio i hynny y mae'r gyfrol hon, ac i'r ffaith fod i feirdd o hyd 'sugn a maeth' yn 'Sir Gaerfyrddin', chwedl Gwenallt.[24]

Fel y nododd Gareth Elwyn Jones ac eraill, newidiodd Cymru'n eithriadol yn y ddeunawfed ganrif, ond ni ddylem feddwl am funud nad oedd dyfodol y Gymraeg yn gadarn. Er gwaetha'r ffaith i'r bonedd Seisnigo, er gwaetha'r ffaith fod i'r Gymraeg statws eilradd amlwg, drwy'r Beibl, drwy'r wasg argraffu a thrwy ysgolion cylchynol un o wyrda enwoca'r sir, Griffith Jones (1683–1761), roedd y Gymraeg eto'n iaith ddysgedig a chanddi gynulleidfa frwd a chwenychai waith gan feirdd dychmygus. Tua diwedd y ganrif, aeth plas Rhydodyn – un o gartrefi mwyaf llengar y sir, plas lle y bu Lewys Glyn Cothi yn canu yno – i ddwylo'r Sais Syr James Hammet Hamlyn. Yn y bymthegfed ganrif, byddai hynny'n drychineb fach i farddas y sir. 'Hir yw dwedyd Rhydodyn', chwedl Ieuan Deulwyn.[25] Yng Nghymru'r ddeunawfed ganrif, fodd bynnag, nid cyrchu'r plastai yr oedd pencerddi'r wlad. Do, bu Wiliam Llŷn (1534/35–80), un o'r penceirddiaid olaf, yn canu yn y sir – bardd y golygwyd ei waith gan yr

*Odliadur*wr o Frynaman, Roy Stephens (1945–89) – ond mae pellter byd rhyngddo ef a Phantycelyn, a chanai'r olaf i Gymry tra gwahanol.

Yn achos 'y pêr ganiedydd', rhan o'i fawredd ef yw'r modd y llwyddodd i gyfuno ieithwedd urddasol a phrofiadau mawrion yr ysgrythur â thafodiaith y werin a'i byw beunyddiol hi. Câi pawb yn awr ganu i'r Brenin Mawr, nid y beirdd proffesiynol yn unig. A châi'r bobl ganu'n deimladwy-ddelweddog ar fesurau newydd. Lle cynt y chwenychai uchelwr yn y bymthegfed ganrif gywydd o enau Lewys Glyn Cothi, roedd cymanfaoedd cyfain yn awr yn disgwyl yn eiddgar am ganu rhydd yr emynydd. Ac am wledd!

O! llefara, addwyn Iesu:
   Mae dy eiriau fel y gwin,
Oll yn dwyn i mewn dangnefedd
   Ag sydd o anfeidrol rin;
Mae holl leisiau'r greadigaeth,
   Holl ddeniadau cnawd a byd,
Wrth dy lais hyfrytaf, tawel
   Yn distewi a mynd yn fud.[26]

Fel y nododd Saunders Lewis, dyma 'ystwythder digymar mewn geirfa a ffigurau', ffrwyth ei 'ymgodymu hir ag iaith a mydr a chrefft y pennill rhydd'.[27] Mae'r serch a roes ar Iesu'n llifo'n fyrlymus ohono, ac eto, syllu ar ei wrthrych y mae: canu er mwyn iddo glywed Ei lais Ef, iddo deimlo Ei eiriau'n llifo i'w gorff, 'fel y gwin'. Canu, gan na fyn ef ganu, y mae'r bardd hwn – mewn ymgais i wrando ar y gwin yn cynhesu ei gorff.

Er mai Pantycelyn oedd 'piau y canu', chwedl Howel Harris, rhaid nodi, megis yn achos canu'r bymthegfed ganrif, mai un o blith nifer o emynwyr y sir oedd ef. Mae nifer fawr o emynau

Dafydd Jones (1711–77), Morgan Rhys (1716–79) a Dafydd William (1720/1–94) hefyd yn tystio i rym yr emyn yn y ddeunawfed ganrif. Ac yng nghysgod y pedwar hyn, nid awn i unrhyw dalwrn heb fwrw i'r frwydr John Williams (*c.* 1728–1806) – 'Pa feddwl, pa 'madrodd, pa ddawn', Nathaniel Williams (1742–1826) – 'O! Iachawdwriaeth fawr', Thomas Lewis (1759–1842) – 'Wrth gofio'i riddfannau'n yr ardd', a sawl un o emynau David Charles (1762–1834) – 'O fryniau Caersalem ceir gweled'.

Yn y naill achos a'r llall, cywydd y bymthegfed ganrif ac emyn y ddeunawfed, perthyn y canu i gyfnodau o newid mawr ac mae'r cyfrwng yn un newydd ond yn un digon aeddfed i feirdd dychmygus fedru canu'n arbrofol-grefftus. Rhaid aros tan yr ugeinfed ganrif inni weld yr un peth hwnnw'n digwydd eto yn sir Gaerfyrddin. Dyma gyfnod arall o newid mawr, yn ddiwydiannol, yn wleidyddol, yn gyfryngol ac yn ieithyddol, a dyma feirdd yn canu o ganol y cynnwrf hwn. Ni allai'r wlad fyw ar weithiau Gwilym Teilo (William Davies, 1831–92) am yn hir. Boed yn awdl hirwyntog neu'n delyneg fer ar fydr ac odl, nid oes i'r canu hwnnw ddannedd o fath yn y byd. Da yw medru crybwyll enw'r bardd, megis enw Gwilym Marles (William Thomas, 1834–79) ac Alfa (William Richards, 1875–1931) yr un modd, a rhaid peidio â dibrisio'r cyfraniad i'r traddodiad. Yng nghanu'r bardd gwlad a'r englynwr Gwydderig (Richard Williams, 1842–1917), mae'r grefft farddol yn sicrach, a gresyn nad oes yma ofod i drafod gwaith Watcyn Wyn (Watkin Hezekiah Williams, 1844–1905), John T. Jôb (1867–1938) a Nantlais (William Nantlais Williams 1874–1959), na chwaith Wil Ifan (William Evans, 1883–1968), T. Eurig Davies (1892-51), D. H. Culpitt (1909–82) a W. Leslie Richards (1916–89). Yng nghanu'r olaf, er enghraifft, mae inni obaith sicrach o ddarganfod fflach ar gyfer ein talwrn. Ar y naill law, mae clasuriaeth y cywydd yn gyfrwng addas ar gyfer y frwydr genedlaethol, ac yn wir, mae'r mesur hwnnw'n parhau'n hynod boblogaidd hyd heddiw. Fel y canodd Tudur Dylan yn ail ganiad ei gerdd 'Sir Gaerfyrddin':

> Dryslwyn yr hen gymwynas
> sy'n fwy na'r Drylswyn, mae'n dras,
> mae'n arf rydd, mae'n wŷr ar fryn,
> a ni'n dal yn eu dilyn.[28]

Dyna enghraifft drawiadol o ailgydio yn nhraddodiad cywyddol beirdd yr uchelwyr. (Rhaid inni gofio i ddarnau o'r traddodiad fod ar goll am gyhyd, heb olygyddion na gweisg na darllenwyr, a sut y bu'n rhaid ei lunio o'r newydd yn yr ugeinfed ganrif.)

Fodd bynnag, er mwyn iddo fedru mynegi ei angst a'i ddychan a'i foderniaeth, roedd angen i sawl bardd yn yr ugeinfed ganrif ganu ar fesurau eraill, megis soned 'Alltud' W. Leslie Richards, neu ei gerdd rydd 'Cadwynau':

> Gwelwn o'n blaen y golau,
> A gwyddom eiddiled ein gau-dduwiau.
> Ond ni allwn ymryddhau.
> Fel y tyn y gwyfyn ar gannwyll
> A rhuddo gwawn ei adain yn y fflam,
> Felly ninnau
> Yn gwegian ar frig y dibyn dwys
> A phwysau'n cadwynau
> Trwm wrth ein traed.[29]

Gwelir y symudiad hwn tuag at y *vers libre* yn fyw yng ngwaith J. Eirian Davies (1918–98). Nid digon iddo mo'r canu telynegol ar fydr ac odl yn ei gyfrol *Awen y Wawr* (1947).

Mewn Cymru fodern, lle roedd yr hen werthoedd fel pe baent yn diflannu o'r tir a'r beirdd a'r Gymraeg yn wynebu sawl her newydd, rhaid oedd wrth ganu newydd a choegni newydd, ar fesur y rhigwm a'r *vers libre*. Prin yw'r beirdd y caniatawyd iddynt wyth o gerddi ym mlodeugerdd Gwynn ap Gwilym ac Alan Llwyd o ganu'r ugeinfed ganrif. Nid syn fod J. Eirian Davies yn un ohonynt. (Dau arall a chysylltiadau â'r sir yw'r brodyr Euros a Geraint Bowen.) Oherwydd prin yw'r beirdd a rydd fwy o bleser i ddarllenydd nag ef. Un o'm ffefrynnau, nad yw yn y flodeugerdd, yw 'Cymer bwyll, Gerwyn!' A'r ffarmwr ar ei 'anghenfil' wrthi'n lladd gwair, erfynia'r bardd arno i bwyllo, i ystyried:

Oni weli ddolur y glaswellt fel gwaed gwyrdd
Ar grofen y teierau trwm?

'Rwyt ti'n rhy brysur i sylwi.

Ni weli y gall dy dractor
Ladd
Rhywbeth gwerthfawrocach na gwair.

Rhoed i minnau
Hamddena
A sylwi.

Gweld cylch yr ofnau
Yn lledu
Yn llygaid y brain.

Clywed llafnau dur
Yn rhwygo'r melfed
Ym mhibau cerdd yr aderyn du.[30]

Unwaith eto, dyma enghraifft o bencerdd sy'n feistr ar ei gyfrwng, un tra gwahanol i Lewys Glyn Cothi a Phantycelyn, yn llwyddo i sefyll yn gyfysgwydd nid yn unig â beirdd ei gyfnod a beirdd ei sir, eithr â goreuon y traddodiad.

Fel yn achos y cywydd mawl yn y bymthegfed ganrif a'r emyn yn y ddeunawfed, datblygodd y *vers libre* yn gyfrwng i nifer dda o feirdd gorau'r ugeinfed, ac ni allwn fynd o'r talwrn hwn heb daflu o'n blaen y 'Glas' enwog hwnnw, Bryan Martin Davies. Er mai sôn am adael gweithfeydd yr Aman y mae'r gerdd 'Glas', fe'i cadwodd ef, y bardd, yn gysylltiedig â'r sir, er iddo, megis Derec Llwyd Morgan, grwydro ohoni:

Pan oedd Sadyrnau'n las
a môr yn Abertawe'n rhowlio chwerthin

ar y traeth ...

Eisteddem ar y tywod twym
yn yfed y glesni,
ein llygaid newynog yn syllu'n awchus
ar fwrdd y môr ...

Rhain oedd Sadyrnau'r syndod,
y dyddiau glas,
a ninnau'n ffoaduriaid undydd, brwd,
yn blasu'n rhyddid byr
o ddyffryn du
       totalitariaeth glo.[31]

Yr hyn sy'n ein taro wrth inni ddarllen y gerdd yw mor orffenedig yw hi. Cwbl amhosib yw meddwl y gallai'r bardd fod wedi dweud ei ddweud fel arall. Fel 'Marwnad Siôn y Glyn' neu 'O llefara, addfwyn Iesu', mae'r feistrolaeth ar fesur, y dethol ar eiriau, mor sicr ac mor briodol i ddelweddaeth, naws ac ergyd y gerdd.

Dyna daflu i'r talwrn, felly, geiliogod disgleiriaf y sir: meistri'r emyn, y cywydd a'r *vers libre*. I un fel fi, un sy'n byw yn ei sir enedigol, mae'n draddodiad y gallaf ymfalchïo ynddo, ydyw, a mawr ddiolch am y gwahoddiad i lunio'r cyflwyniad hwn. Ac eto, anodd meddwl na fu'r teithio ar hyd a lled Cymru'n gymaint rhan o gyfansoddiad Pantycelyn a Lewys Glyn Cothi â'r amser a dreuliasant yn sir Gâr. Ac onid sôn am groesi ffiniau y mae'r gerdd 'Glas': sôn am beidio â gadael i brofiadau un sir yn unig ein diffinio – teithio o'r sir, lawn cymaint ag y carai Gwenallt deithio yma o Gwm Tawe? A oes modd i ni edmygu ceiliogod ein gilydd, d'wedwch, a chadw'r ymladd ar gyfer rhywrai eraill felly?

Maes o law, pan ddaw eto gais i rywun arall gyflwyno traddodiad barddol sir Gâr – fel y gwnaed yn 1959 adeg cyhoeddi *Awen Myrddin* – mi fydd amryw un o'r gyfrol hon ymhlith y ceiliogod balch a wysir ger ein bron, ac mae'n siŵr y bydd gan sawl un ryw gyswllt ag Ysgol Farddol Caerfyrddin. Y pryd hwnnw, braint yr awdur fydd medru llunio cyflwyniad llai gwrywaidd na'r un hwn. Mae'n ddigon posib y bydd ganddo ef neu ganddi hi ryw ddehongliad arall i'w gynnig. Tan hynny, yr her fawr i bob un bardd cyfoes, wrth gwrs, yw sicrhau y bydd galw am y fath gyfrol 'mhen hanner canrif, ac na fydd y sir hon yn nes at fod yn sir 'un iaith', chwedl Tudur Aled.

Tudur Hallam

1 Saunders Lewis, *Williams Pantycelyn* (Llundain, 1927), t.17

2 William Williams, 'Mae'r Brenin yn y blaen', yn *Llyfr Emynau y Methodistiaid Calfinaidd a Wesleaidd* (Caernarfon a Bangor, 1930), rh.511, t.350

3 Cynddelw Brydydd Mawr, 'Awdl ddadolwch yr Arglwydd Rhys', ll.84, yn *Gwaith Cynddelw Brydydd Mawr II*, gol. Ann Parry Owen a Nerys Ann Jones (Caerdydd, 1995), t.180

4 Cynddelw Brydydd Mawr, 'Englynion dadolwch yr Arglwydd Rhys', ll.18, yn *Gwaith Cynddelw Brydydd Mawr II*, t.211

5 Gw. A. O. H. Jarman (gol.), *Llyfr Du Caerfyrddin* (Caerdydd, 1982), t.xiii

6 Gw. Dafydd Johnston, *Llên yr Uchelwyr: Hanes Beirniadol Llenyddiaeth Gymraeg 1300–1525* (Caerdydd, 2005), t.244

7 Lewys Glyn Cothi, 'Marwnad Siôn y Glyn', yn *The Oxford Book of Welsh Verse*, gol. Thomas Parry (Oxford, 1964), t.167

8 Dafydd Johnston (gol.), *Gwaith Lewys Glyn Cothi* (Caerdydd, 1995), t.xxxv

9 Ifor Williams (gol.), *Casgliad o Waith Ieuan Deulwyn* (Bangor, 1909), t.v

10 Gw. M. Paul Bryant-Quinn (gol.), *Gwaith Syr Phylib Emlyn, Syr Lewys Meudwy a Mastr Harri ap Hywel* (Aberystwyth, 2001), tt.3–13

11 Harri ap Hywel, 'Cynghori Ieuan Tew i beidio â charu merch ifanc', yn *Gwaith Syr Phylib Emlyn, Syr Lewys Meudwy a Mastr Harri ap Hywel*, t.124

12 Nesta Lloyd, *Cerddi'r Ficer* (Cyhoeddiadau Barddas, 1994), t.xxiii

13 John Davies, *Hanes Cymru* (London, 1990), tt.155, 171

14 Geraint Lloyd Owen, 'Gwynfor Evans', yn *Blodeugerdd o Farddoniaeth Gymraeg yr Ugeinfed Ganrif*, gol. Gwynn ap Gwilym ac Alan Llwyd (Cyhoeddiadau Barddas/Gwasg Gomer, Llandysul, 1986), t.493

[15] Bleddyn Fardd, 'Mawl Rhys ap Maredudd ap Rhys', ll-au 22-3, yn *Gwaith Bleddyn Fardd a Beirdd Eraill Ail Hanner y Drydedd Ganrif ar Ddeg*, gol. Rhian M. Andrews et al. (Caerdydd, 1996), t.545

[16] Gw. John Davies, *Hanes Cymru*, tt.158–9

[17] Gw. sylwadau T. Gwynn Jones (gol.), *Gwaith Tudur Aled I* (Caerdydd, Wrecsam, Llundain, 1926), t.lxvii. Gw. 'Cywydd i Syr Rhys ap Tomas i erchi march', ll-au 39–40, yn *Gwaith Tudur Aled II*, t.384

[18] Cymh. 'Marwnad Sion Wyn ab Ieuan ap Rhys, o Ystrad Alun', ll-au 55-8, yn *Gwaith Tudur Aled II*, tt.347–8: 'Ni ddôi neb ni wyddai'n iaith – / O delai, nid âi eilwaith! / Nid âi un Sais ond yn sarn / O Nerthgwys yn ï wrthgarn.'

[19] Guto'r Glyn, 'Moliant i Siancyn Hafart o Aberhonddu', ll-au 31-2: http://www.gutorglyn.net Gw. sylwadau Saunders Lewis yn 'Gyrfa filwrol Guto'r Glyn', yn *Meistri a'u Crefft*, gol. Gwynn ap Gwilym (Caerdydd, 1981), t.122

[20] Guto'r Glyn, 'Moliant i Syr Rhys ap Tomas o Abermarlais', ll-au 35-6: http://www.gutorglyn.net

[21] Ken Etheridge, 'Song for the dilatory', *Songs for Courage* (Llandysul, 1940), t.13

[22] Cymh. geiriau John Elias yn nrama Saunders Lewis, 'Merch Gwern Hywel', *Dramâu Saunders Lewis* (Caerdydd, 2000), gol. Ioan M. Williams, t.660: 'Lloegr ydy'n gwlad ni.'

[23] Byddaf yn traddodi darlith yn y man ar Dylan Thomas.

[24] D. Gwenallt Jones, 'Sir Gaerfyrddin', *Ysgubau'r Awen*, yn *Cerddi Gwenallt: y Casgliad Cyflawn*, gol. Christine James (Llandysul, 2001), t.105

[25] Ieuan Deulwyn, 'Cywydd Moliant Wiliam Siôn', ll.12, yn *Casgliad o Waith Ieuan Deulwyn*, t.77

[26] William Williams, *Llyfr Emynau*, rh.205, t.179

27 Saunders Lewis, *Williams Pantycelyn*, t.205

28 Tudur Dylan Jones, 'Sir Gaerfyrddin', yn *Cerddi Sir Gâr*,
   gol. Bethan Mair ac R. Arwel Jones (Llandysul, 2004), t.3

29 W. Leslie Richards, 'Cadwynau', yn *Blodeugerdd o Farddoniaeth
   Gymraeg yr Ugeinfed Ganrif*, t.284

30 J. Eirian Davies, 'Cymer bwyll, Gerwyn!', *Cyfrol o Gerddi*
   (Dinbych, 1985), t.41

31 Bryan Martin Davies, 'Glas', yn 'Gwinllan a roddwyd i'n gofal'
   [dilyniant buddugol Eisteddfod Pantyfedwen, Pontrhydfendigaid,
   1970], yn *Cerddi Bryan Martin Davies: y Casgliad Cyflawn*
   (Cyhoeddiadau Barddas, 2003), t.32

ALED EVANS

Un o Gwm Gwendraeth yw Aled a bu'n byw yng Nghydweli a Llanddarog cyn symud i Fangor i astudio'r Gymraeg. Ar ôl graddio, ymgartrefodd yng ngodre Ceredigion a dechreuodd ddysgu'r gynghanedd dan law Roy Stephens.

Priododd â merch o Lan-non ac mae ganddynt bedair o ferched: Mared, Manon, Mirain a Martha. Bu'n athro a phennaeth ysgol a bellach mae'n Gyfarwyddwr Addysg, Hamdden a Dysgu Gydol Oes yng Nghastell-nedd Port Talbot.

Wedi i'r teulu symud yn ôl i Gaerfyrddin, dechreuodd fynychu'r ysgol farddol leol dan oruchwyliaeth y prifeirdd Tudur Dylan Jones a Mererid Hopwood. Erbyn hyn mae'n athro yn yr ysgol ac yn gapten ar dîm talwrn Beirdd Myrddin. Mae e wedi bod yn ddigon ffodus i ennill ambell gadair hwnt ac yma, gan gynnwys eisteddfodau Pantyfedwen, Llanbed, Llandyfaelog a Thregaron.

Ei hen daid oedd y bardd gwlad Llafar (Thomas Roberts), o Benbryncoch, y Parc, ac roedd un arall o'i gyndeidiau o Goedladur, Llanuwchllyn, ymysg y rhai a wahoddwyd i gystadlu am gadair Eisteddfod y Gwyneddigion yng Nghorwen yn 1789.

Y gêm olaf ar Barc y Strade

A weli di y duwiau
yn eu coch ar hyd y cae?
Cawr wrth gawr yno'n y gwyll
yn disgwyl hyd ei esgyll,
yn sgwod o hen gysgodion
i'n galw i'r erw hon.
Un erw dan faneri,
un lliw yw ei mantell hi.
Un dras heno'n troi o'r drin
a dyddiau ein Gododdin.
Un werin na fu'i dewrach,
yno'n fôr o Sosban Fach.
Un maes a'i holl sgarmesi
yn cofio'r tro bu naw tri.
Fe glywaf yr haf o hyd
yn eglur trwy'r dorf gryglyd
a gafael hen atgofion
yn nhwrw yr erw hon.
Ond af yn dawel ar daith
o'r fan lle bu'r haf unwaith.

Eos

Clyw'r eos rhwng nos a nant
yn felys ei chyfeiliant.
Mor ddyfal yw ei halaw
yno'n glws mewn gwynt a glaw.
Mor daer yw hi ym mro'r drain,
sŵn hyder sy'n ei hadain.

Ond uwch hen fyd ei chân fach
sy heno'n hel briwsionach,
mae ei hiaith yn haeddu mwy,
hi o raid yw ein drudwy.
Cyfod eos, dos yn deg
a chana am ychwaneg.

Gwyfyn

Y mae rhai yn dal i ofyn
pam taw'r nos yw awr y gwyfyn,
eraill ŵyr ac fe wn inne
bod eisie nos i weld y gole.

Pais Dinogad

Cwsg Dinogad, cwsg yn dawel heno,
mae'r dynion ar ryw gyrch yn bell i ffwrdd,
ond pan ddaw'r wawr fe gei weld, rwy'n addo,
dy dad yn rhedeg atat i dy gwrdd.
Cwsg, mae'r nos yn disgwyl am dy gwmni
a'r cŵn yn aros i ti ddod ar daith,
mae'r hydd a'r twrch yn ffoi rhag picelli
y milwr bychan yn ei siaced fraith.
Clyw gân hwiangerdd newydd uwch y rhos
a geiriau mam yn mwytho un sy'n colli'i dad,
yn dweud y daw e 'nôl o dduwch nos,
yn dweud y daw e 'nôl o faes y gad.
Ond ni fedr alaw dyneraf iaith
gysuro'r galon friw tan siaced fraith.

Branwen ar lan afon Alaw

Fe af at lan yr afon – i'w dwndwr
i dendio fy nghalon,
ond ei dŵr ddwed yn dirion
na allai hi wella hon.

32

Y Dywysoges Gwenllian

Diffoddwyd fflam ei mamiaith, y geiriau
    fu'n gaer iddi unwaith.
    Ni fu i hon arfau'i hiaith,
    na'i hidiomau'n gydymaith.

Ynys Gwales

Pe medrwn, fe nofiwn i dros y môr
    at y ddôr sy'n dderi,
    a rhoi olew i dewi
    ei gwich oer. Ac i'w chau hi.

Hiraeth

Llai, cymaint llai yw'r lleuad – ei golau
    o'r golwg am eiliad,
    ei sêr yn peidio siarad,
    a dyn yn gweld eisiau'i dad.

ARWYN EVANS

Cafodd Arwyn Evans ei eni yng
Nghynghordy, ardal wledig ar y ffin
â Phowys yng ngogledd-ddwyrain sir
Gâr. Ym Mhowys y mae'r rhan fwyaf
o'i dylwyth o ochr ei fam yn byw,
a'r tebyg yw fod y ddawn o farddoni yn tarddu o hen
ewytheredd yn y llinach honno.

Fe'i haddysgwyd yng Ngholeg Llanymddyfri, yng
Ngholeg Prifysgol Dewi Sant, Llanbedr Pont Steffan,
ym Mhrifysgol Caeredin a Phrifysgol Glasgow lle bu'n
ddarlithydd dros dro yn yr Adran Gelteg. Er iddo gael
ei swyno gan yr ynysoedd oddi ar arfordir yr Alban yn
y cyfnod hwn, dychwelyd i'r Gymru wledig fu ei hanes.
Treuliodd bron bum mlynedd ar hugain yn Bennaeth
yr Adran Gymraeg yn Ysgol Ramadeg y Bechgyn,
Aberhonddu. Er nad oedd fawr o Gymraeg i'w chlywed
ar strydoedd y dref, yn yr ysgol ni welodd erioed un
arlliw o elyniaeth tuag at y Gymraeg, a hyfrydwch fu
dysgu to ar ôl to o fechgyn hynaws, ymroddgar, yn eu
plith neb llai na'r Prifardd Twm Morys.

Mae wedi ymddeol ers sawl blwyddyn ac yn hapus
ddigon yn twtian yn ystod y dydd ar bwt o dyddyn, ac
yn ystod y nos, po dywyllaf y gorau, bydd wrth ei fodd
yn pysgota rhydau afon Tywi am sewin hyd oriau mân y
bore.

Ffin

Rhwng tŷ a thŷ,
Yma'n swbwrbia,
Mae barben o dawedogrwydd
Am y ffens â'i frawd
Sarrug a disiarad,
Mudan yw cymydog.

Ac ar y trên,
Bob bore, yr un yw'r pared
Rhwng dyn a'i gyd-ddyn;
Pobun yn ddwedwst o ddweud,
A'i bapur yn wahanfur o'i flaen
Rhwng y pileri o freichiau.

Ac eto,
Wrth y ddesg yn y ddinas,
Gyda'r we yn ddrudwy
A'r sateleitiau'n golomennod,
Gyda'r rhain a'r ffôn rhychwantir y byd a'i ffiniau;
Ar draws yr India, dros yr Andes –
Nid oes ball ar barabl y bobl.

Ond rhywfodd,
Gartref yn y maesdrefi,
Mae perth yr ardd
Yn rhy uchel i ddyn gyfathrebu.

Hen Lwybr

Ddoe
Rhwng y Ddôl a'r Penrhyn
Roedd rhyffyn cryf o lwybr
Yn rhwymo'r ddau dyddyn,
Yn ieuo'r ddwy aelwyd yn dynn wrth ei gilydd;
A phan fyddai galw,
Fel dau geffyl gwedd,
Cyd-dynnai'r ddau deulu.

O boptu'r llwybr,
Cyn diwreiddio'r perthi,
Roedd clytwaith o gaeau bychain,
Caeau ac iddynt
Fel ag yr oedd i'r buchod a'u porai
Nid anfri rhifnodau,
Ond enwau cysefin:
Y Gors Lwyd, Cae'r Eithin, Rhos Ffynnon Oer;
Trwy'r caeau hyn,
Yn adeg cynaeafu'r gwair a'r ŷd
Ac yn nhymor wyna,
Cyson ydoedd y cyniwair.

Ond erbyn hyn
Ar femrwn y fawnog
Ac ar dudalen y waun
Mae inc traed yr hen gymdogion,
Llofnod eu hesgidiau hoelion,
Cofnod eu mynd a dod brawdgarol
Wedi edwino.

Bellach,
Rhwng y Ddôl a'r Penrhyn
Nid oes prin edefyn o lwybr.

Bysedd y Cŵn

Ar agor mae'r siop orau – am bilyn
    Mae heb ail ar gloddiau;
    Gwenyn i ffitio'i gynau
    Ddaw o gwch cyn iddi gau.

Y Llyn

Perl o siop! Ar ôl swper – y deuwn
    Ein dau at ei wychder
    I syllu, synnu, a'r sêr
    Yn gantoedd ar ei gownter.

Tynfa

Weithiau meddyliaf mai da o beth
Fyddai gadael y ddaear a'i helynt a'i heth.

Ond tybed beth fyddai fy nheimlad pe cawn
Fy hun yn teithio i'r lloer rhyw brynhawn

A gweld y Bannau a'u copaon di-rif
O danaf yn llai na dannedd llif –

Tywi a Thawe a'u nentydd gant
Obry'n ddim mwy na sgriblan plant?

Yn ôl y gwyddonydd, mewn llai nag awr
Fe fyddwn yn rhydd o dynfa'r llawr.

Ffwlbri i gyd! Wrth deithio fry
Cryfhau a wnâi tynfa y Mynydd Du.

Mynydd

Fe adawodd yr adeiladwyr ar eu hôl
Fwy na hanner tunnell o swnd
Yn bentwr yn ymyl y dreif.

Yng ngolwg Bet
Nid pentwr mohono
Ond mynydd o aflerwch;
Ofnai,
Oni ddôi i sylw y Cyngor,
Y byddai'r horwth
Yn siŵr o godi gwrychyn y stryd;
A phan dyfodd arno
Gribell o ddail tafol,
Nid âi diwrnod heibio
Heb iddi sôn am ei hagrwch
A'r angen am ei symud.

Yna,
Yn ddisyfyd un dydd,
Wele fy nghywilyddio,
Wele Dafydd
Nad oedd brin dair oed
A heb fwy na phrynhawngwaith byr o brentisiaeth
Ar draeth Porthcawl
Yn mynd ati
Gyda'i fwced a'i raw
I symud y mynydd.

Cennin Pedr

I'r goedlan fe syrthiodd canwy – o'r brig
    Lle mae'r brain yn dodwy,
    A heno tan eu coed hwy
    Mae lôn o liw melynwy.

Fy Ebol Melyn

Fel rhywbeth â llyfethair
Ydwyt ti, a thi ond tair;
Ifanc ond heb un afiaith,
Cwsg wyt megis caseg waith;
Dere, wir, dyro un drot,
Heini, nid hen mohonot;
Rhed i mi ar hyd y maes,
Yn chimwth rhed dros chwemaes;
Gafael pan yw'n argyfwng
A wnaf fi ym môn dy fwng,
Fel cowboi wrth flew cobyn
Ymaflaf, daliaf yn dynn.

Yn dâl am dy bedoli
Rhed am awr, rho reid i mi;
Yn gynt, amlha dy gam,
Cei arlwy am roi carlam,
Ŷd yn frecwast, llond rhastal,
Arlwy bwytadwy fel tâl.

Mentra, meddwl mai Aintree
Ydyw lôn fy ardal i.

MEIRION EVANS

Brodor o'r Felindre, heb fod ymhell
o dref Abertawe, yw Meirion
Evans. Fe'i haddysgwyd yn Ysgol
Gynradd Felindre ac Ysgol Gynradd
Llangyfelach, ac wedi hynny yn
Ysgol Ramadeg Pontardawe lle daeth o dan ddylanwad
yr athro Cymraeg, Eic Davies.

Yn 1950 aeth yn fyfyriwr i Goleg Bala-Bangor, a
phum mlynedd yn ddiweddarach ordeiniwyd ef i'r
Weinidogaeth gyda'r Annibynwyr . Bu'n gwasanaethu
yn eglwysi'r Hen Gapel, Llechryd a Ffynnonbedr yn ne
Ceredigion, a hefyd yn eglwys Soar, Pen-y-groes, yn
Nyffryn Nantlle, cyn dod i ofalu am eglwys Jerusalem,
Porth Tywyn yn sir Gaerfyrddin yn 1966.

Daeth Meirion i amlygrwydd cenedlaethol fel bardd pan
enillodd y Goron yn Eisteddfod Genedlaethol Caernarfon
yn 1979. Bu hefyd yn dal swydd Archdderwydd Cymru
rhwng 1999–2001. Cyhoeddodd ddwy gyfrol o gerddi: *Y
Corn Olew* (Cyhoeddiadau Barddas, 1986) a *Cadw Drws*
(Gomer, 2011), dwy gyfrol o straeon ysgafn: *Straeon Ffas
a Ffridd* (Gomer 1996 a 1997) a chyfrol arall o straeon yn
dwyn yr enw *Rhofio a Rhwyfo* (Gomer 1998).

Ymddeolodd o'r Weinidogaeth yn 2001, ond mae'n
parhau i wasanaethu eglwysi yn ôl y galw. Bellach,
mae'n dal ar bob cyfle i feicio a cherdded llwybr y
glannau a thraeth Cefn Sidan, gan daeru nad oes yng
Nghymru ragorach lle i adnewyddu corff ac enaid.

Tair Craig

Graig Ola',
Craig y Bedw,
Graig Merthyr.
Y drindod fu ynghwsg ers dechrau byd,
hyd oni fu rhywun ddigon effro
i weled y mwyn yn y meini,
y glo yn y gwythiennau;
ac ar y creigiau hyn godi teml Ploutos,
a galw'r ffyddloniaid i blygu ar benliniau briw,
a moliannu tra bo anadl.
O dan riniog y deml hon y tarddodd
ddiferion ein cynhaliaeth
a gorlifiad ein gofidiau,
hyd oni ddaeth dydd ei dymchwel,
a chwympo o dan bwysau'r top,
y wasgfa oddi uchod.
A rhywle o fogfa'r adfail
daw ubain yr hwter ola'
i alw'r plant i gofio
creithiau ffrewyll y fedw ar gefnau'r tadau,
a'r merthyron aberthwyd ar allor y creigiau.

Gwers Farddoniaeth – Standard 5

(ar wal yr ysgol roedd map o'r ymerodraeth
ynghyd â llun mawr o O. M. Edwards)

Jones y Sgŵl, rhyw grwydryn o'r oes o'r blaen,
ei ruddiau'n llaith gan ei ddagrau drama,
tra'n chwarae claddu John Moore Corunna
yn amdo ei gôt fawr yn naear Sbaen.
Ei ail act fyddai cerdd i ddod a'i wedd
yn wridog fel y map o liw y tân,
gan utganu eto orchest yr un hen gân –
'Y gornel hon o estron faes, Lloegr am byth a'i medd'.

Ac ar y mur lun arwr *Cymru'r Plant*
yn ddu a gwyn, a'i law o dan ei ên,
mewn anghred tost, fel petai arno chwant
camu o'r llun i newid lliw ein llên.
Uwchben y sgwlyn mae ei lygaid e
drwy'r oll yn mynnu dal fy sylw i,
ac nid oes dianc rhag huodledd ple
ei wyneb taer; a thybiaf glywed cri –
'Y mae i Gymru enaid sy'n rhy ddrud
i'w golli, er it ennill daear gron,
na'i roddi yn gyfnewid am y byd
sydd draw ar lan afonydd Babilon'.
A dysgais gan y meistr yn y llun
greu map o Gymru yn ei lliw ei hun.

Ray o'r Mynydd

(Ceidwad y Cledd)

Enillaist hawl i wisgo coch dy wlad
  a phrofi gwefr dy genedlaethol gais,
a thybied mai penllanw pob boddhad
  oedd trin y bêl fel arf i drechu'r Sais.
Gwladgarwyr am brynhawn yn fodlon iawn,
  a bara'r nef yn llond eu genau hwy,
yn drachtio gwin y wledd o'u cwpan llawn
  gan alw 'Digon! Ni bydd eisiau mwy'.
Ond diwedd chwarae welodd ddechrau gwaith,
  pan glywaist, uwch banllefau torf y bêl,
gri Cymru Fach, a chrygni yn ei hiaith
  yn ymbil am dy egni brwd a'th sêl.
Daethost i lenwi bylchau'n rhengoedd main
a throi i'r drin heb dynnu'r cledd o'r wain.

Aberth

(er cof am fy nhad)

Ni welodd mo'no'i hun fel arwr glew,
   ni dd'wedai air am ambell anaf cas;
pesychai ar y slei, ac ni wnaeth siew
   o nodau amgen glöwr, y creithiau glas.
A gwnaeth yn fach o'r braw pan grynai'r top
   â chlec fel taran yn y dirgel du,
gwasgfa y creigiau hen yn hollti'r prop
   a'r angau'n bygwth disgyn oddi fry.
Hyn am na fynnai ddangos beth oedd pris
   rhoi toc o fara ar fy mord bob dydd,
na'r gost o roi fy nhroed ar gyntaf ris
   yr ysgol, fel y cawswn ddringo'n rhydd.
A'i raw fel pe bai'n symud dae'r a nef
   i mi gael dianc rhag ei dynged ef.

Hywel Teifi

Llanddewi Aber-arth
Magwrfa cenedlaethau o gryts
anwyd â'r heli yn eu gwythiennau,
a heb fawr ddewis ond ildio i'r hen, hen alwad
i adael bro a hwylio i weld y byd.
Yna dod adref wedi tyfu'n forwyr glew,
ac yn llwythog o hanesion syn
am gampau ac arferion, estron i drigolion
oedd heb fentro gymaint â cham o olwg tir.
A weithiau'n dod ag ambell drysor prin
o ryw wlad bell, yn anrheg llawer gwell
na dim a gaed yng Ngheredigion dlawd.

A'r llongwyr hyn oedd cyfarwyddiaid
dyddiau dy brifiant,
pob un yn feistr ar y ddawn
i liwio rhamant eu hanturiaethau –
digon i hudo llanc dychmygus
i ddianc i'w ddilyn ar hyd llwybrau'r môr.

Ond mynnodd y Gymru eiddigus hon
dy gadw di yn hollol iddi ei hun,
fel na bu dianc erioed yn ddewis go iawn i ti.

Ac yn dâl am dy ymlyniad
cael mynediad i drysordy ei hanes,
i chwilio gemau llên a chân
a pherlau'r Iaith,
a'u dangos o newydd yn eu disgleirdeb
yn rhyddiaith ddengar y cyfrolau
ac yn y llefaru lliwgar o'r llwyfannau.

A thithau heddiw yw ein cyfarwydd ni,
yn trysori ar gof y stori orau un –
stori dy wlad,
stori dy bobl di dy hun.

PETER HUGHES GRIFFITHS

Ganwyd a magwyd Peter yn ardal Dre-fach, Felindre, sir Gaerfyrddin, ac ar ôl bod yn Ysgol Gynradd Penboyr ac Ysgol Ramadeg Llandysul bu'n fyfyriwr yng Ngholeg y Drindod, Caerfyrddin a Phrifysgol Aberystwyth. Bu'n athro wedyn yn ardal Aberystwyth ac yn weithgar iawn o fewn mudiad yr Urdd, ac Aelwyd Aberystwyth yn arbennig.

Symudodd ef a Meinir, ei wraig, i Gaerfyrddin yn 1972 a daeth yn drefnydd i Blaid Cymru a Gwynfor Evans yno. Tan yn ddiweddar bu'n arweinydd grŵp cynghorwyr Plaid Cymru ar Gyngor Sir Gaerfyrddin. Bu'n Bennaeth y Ganolfan Athrawon yng Ngholeg y Drindod am sawl blwyddyn ac aelod o'r Adran Addysg yno tan ei ymddeoliad yn 2005.

Mae Peter yn adnabyddus fel arweinydd nosweithiau llawen a diddanydd ar hyd a lled Cymru ac yn awdur nifer helaeth o gyhoeddiadau a llyfrau, gan gynnwys ei hunangofiant *O Lwyfan i Lwyfan* (Y Lolfa). Cyfrannodd 'dudalen Gymraeg' i'r cylchgrawn poblogaidd *Carmarthenshire Life* yn fisol am dros ddeng mlynedd ac mae'n un o olygyddion y papur bro lleol, *Cwlwm*, ers ei sefydlu.

Dysgodd farddoni a'r cynganeddion a dechrau cyfansoddi darnau digri pan oedd yn y chweched dosbarth yng nghwmni Aled Gwyn, Dafydd Wyn Jones, Aberteifi, Emyr Llewelyn ac eraill, ac mae nawr yn perthyn i dîm beirdd Capel y Priordy.

Gwenllian

O Ystrad Tywi gynt un gwanwyn oer
Arweiniaist werin dlawd
Yn fyddin falch i herio'r Norman cry',
A herio'i rym a'i wawd.
'Rhyd glannau gwyrddion Gwendraeth Fach
Mae yno'n dal – yr hud
Sy'n cyffroi calon, ac fe glywn yn glir
Dy her a'th waedd o hyd.
Arwain ni, Gwenllian – arwain ni;
Cael mymryn o'r dewrder a'r ffydd a gefaist ti –
Heddiw yw ein gobaith ni.

Os ymladd dros dreftadaeth fu dy ran,
Er iti golli'r dydd
Byw fydd dy enw 'nghof y werin hon
Ar waetha'r atgof prudd.
O gyrion tref Cydweli draw
Wyth canrif alaeth hir,
Fe glywn dy lais trwy'r niwl yn cyffroi'r cof,
A'th her i ni yn glir.
Arwain ni, Gwenllian – arwain ni,
Dy ysbryd, dy hyder yw'r hyn a geisiwn ni,
Gwenllian, ein cof wyt ti.

Mene Tecel Sir Gaerfyrddin

(cyfarchiad o'r Maen Log adeg cyhoeddi Eisteddfod
Genedlaethol Sir Gâr, 2013)

Mene Tecel, Sir Gaerfyrddin,
Colli'r iaith y mae dy werin,
Colli tir a cholli urddas,
Colli'r sgwrs o fewn cymdeithas.

Derwen Myrddin a wna'th bwdru
Am i'r gwreiddyn gael ei lygru,
Edrych dithe ar dy wreiddie
A glanha nhw a'th ddaliade.

Pan fo cwmwl dros y lleuad,
Os siomedig fu'r cyfrifiad,
Dangos i ni dy wroldeb,
Dangos fwy fyth dy ffyddlondeb.

Cara'th wlad a'i thraddodiade
A Shir Gâr a'i chyfraniade,
Shir y Cwrdde Mowr a'r emyn,
Blaen-y-coed a Phantycelyn.

Neges 'rhen ŵr o Bencader,
Neges gyfoes am gyfiawnder,
Cofiwn Lyfr Du'r mynachod,
Griffith Jones a'n trodd at Dduwdod.

Taniodd Beca hawliau'r werin,
Hawliodd Gwynfor Sgwâr Caerfyrddin,
Ac mae'r cawr o Rydcymere
'N hawlio ein teyrngarwch ninne.

Gerald, Grav a Roy a Delme,
Rhain fu'n dangos inni'u donie,
Heddi Llewod Bancyfelin
Sy'n chwifio baner Shir Gyfyrddin.

Dyma'r union fan tro dwetha
Y cyhoeddwyd Steddfod Norah.
O am brofi'i balchder hithe
Yn ein gŵyl yw'n 'wyllys ninne.

Boed cyhoeddi yr Eisteddfod
'N ein dihuno o'n mudandod
A chael bod yn rhan o'r cyffro
Wna ein codi unwaith eto.

Dowch, o dowch, holl Gymru gyfan
Ymhen blwyddyn i fro'r Sosban,
Dyna fydd ein man cyfarfod
Yn Shir Gâr, cewch glamp o Steddfod.

Mene Tecel, Sir Gaerfyrddin,
Codi'r iaith yn ôl wna'r werin,
Ennill tir, ail-greu yr urddas
Er mwyn achub ein cymdeithas.

Cân y Celt

Chwifiwn faner hardd y Celt,
Ar wefusau mae ei iaith,
Plygwn eto wrth ei groes,
Mil chwe chant flynyddoedd maith.
Er dioddef loes a brad,
Cyffro newydd sy 'mhob gwlad
Kernow, Breizh a Mannin sydd
Alba ac Erin fydd
Gyda Cymru'n gyd-Geltiaid rhydd.

Cytgan:
Awn ymlaen law yn llaw
Gyda hyder yn ddi-fraw,
Gyda nerth llawn o ysbryd dewr y Celt;
Awn ymlaen, un yw'n cri,
Gyda'n gilydd byddwn ni'n
Geltiaid rhydd, rhyw ddydd.

Ni o deulu hen y Celt,
Ni'r Brythoniaid balch ein tras,
Codi eto wnawn fel un,
Yn ein bod mae'r un hen ias.
Er dioddef loes a brad,
Cyffro newydd sy 'mhob gwlad.
Kernow, Breizh a Mannin sydd,
Alba ac Erin fydd
Gyda Cymru'n gyd Geltiaid rhydd.
Cytgan:

Emyn diolchgarwch

Am lenwi ydlan bywyd dyn
Dyrchafwn foliant byw;
Am holl fendithion gwaith dy law,
Ein diolch it, o Dduw.

Am droi yr hau yn fedi gwyn
Ar feysydd teg ein gwlad,
Am lenwi ysguboriau'n llawn,
Ein diolch it, o Dad.

Ti roddaist inni'r haul a'r glaw
A'r sêr dros dir a môr,
A throsom taenaist gariad mwyn,
Ein diolch it, o Iôr.

Trwy wenau'r dydd a chysgod nos
Y buost gyda ni,
Deisyfwn eto ddyddiau ddaw
Am nodded gyda Thi.

Baled arwyr rygbi Caerfyrddin

(ar yr alaw 'Mae Robin yn swil')

Awn 'nôl i'r gorffennol – i un wyth wyth dau,
Wil Norton o'r *Gram* trwy'r Saeson yn gwau,
A'r Doctor Jones-Davies yn un naw tri dim
Yn daclwr a rhedwr rhyfeddol o chwim.

Cytgan:
Canmolwn y bois, canmolwn y bois,
Ie, arwyr tîm Cymru, canmolwn y bois.

Ymlaen i'r pumdegau – Henry Morgan o'r dre,
Cowboi Davies 'r asgellwr – cymeriad oedd e!
A wedyn 'oes aur' Ieuan Evans a'i griw
A'r balchder o wisgo y crys coch ei liw.
Cytgan:

A doniau rhyfeddol holl fechgyn y *Gram*
A phob un o'r rheini mor chwimwth ei gam,
Fel Gerald a'i ochr gam – gorau'n y byd,
A'r annwyl Ray Gravell loriai bump yr un pryd!
Cytgan:

Bois 'Coron Driphlyg' a'r Llewod oedd rhain,
Bois lleol, dirodres a'u doniau mor gain,
Roy Bergiers a'i gais pan yn chwarae'r All Blacks
A Delme yn gapten yn 'u curo nhw'n rhacs!
Cytgan:

Bu sawl seren arall a gafodd gap llawn –
Phil Lewis a Justin, Barry Davies a'i ddawn,
A Jonathan Griffiths – rhain haeddodd eu lle
Gyda Garry o Lacharn – maswr campus oedd e.
Cytgan:

Ond Ysgol Bro Myrddin yw'r ffatri yn awr,
Emyr Lewis a Mefin heb os yn ddau gawr,
A 'na chi gyfraniad, mor hir gan un gŵr –
Stephen Jones ydy hwnnw, cytunwn rwy'n siŵr.
Cytgan:

Rhys Priestland, Ken Owen y bachwr o fri,
A'i chwaer Vicky hefyd, un ddawnus yw hi,
Y brawd a'r chwaer cyntaf i gyrraedd y nod –
Am hynny i'r teulu fe roddwn pob clod.
Cytgan:

A bois Bancyfelin – ma nhw wrthi o hyd,
Mike Phillips a Jonathan ar lwyfan y byd,
C. L. Cowboi Davies o'r pentref bach clòs,
A Delme yn frenin ar bawb yn ddi-os!
Cytgan:

Clodforwn, canmolwn ein harwyr bob un,
Y bois o Gaerfyrddin – ry'n ni 'gyd yn gytûn,
Ein sêr o'r byd rygbi, pob clod rown i chi
A chanu eich clodydd yn llawen wnawn ni.
Cytgan:

Cymro gwell

Rwy'n addunedu heddi i fod yn Gymro gwell
A gwneud 'y pethau bychain', mae hynny'n mynd ymhell.

Fe drefnaf fod fy mheiriant sy'n ateb ar y ffôn
Yn siarad 'iaith y nefoedd', dyw hynny'n fawr o bo'n.

Cymraeg fydd biliau trydan a phopeth gan BT,
Os na, wel peidio talu, hyn fydd fy safiad i.

A llenwi'r siec yn uniaith, bydd hynny yn beth clên,
Pedair punt ar bymtheg ar hugain gyda gwên.

Ar-lein ni wna i lenwi enillion Cyllid Gwlad
Yn Saesneg, nid yw hynny i Gymro'n llai na brad.

A wedyn wythnos nesa yn lle'r hen *Western Mail*,
Caf *Golwg* a'r *Cymro*, a'u cadw nhw mewn ffeil.

Gofynnaf am y fwydlen pan fyddai'n bwyta mas
Tro nesa', am un uniaith, a hynny'n eithaf cas!

A mynnu eistedd wedyn, er bod ar ben fy hun,
Bob tro y gwnân nhw ganu yr anthem i'r hen Gwîn

Peth rhwydd yw addunedu, cyflawni fydd yr her,
Af ati nawr i lunio rhyw fath o restr fer.

'Rôl meddwl, mae hi'n anodd i mi gyflawni 'run –
Anfonaf siec cydwybod peth cyntaf fore Llun!

TUDUR HALLAM

Cafodd Tudur Hallam ei fagu ym mhentref Pen-y-banc, ar gyrion tref Rhydaman. Derbyniodd ei addysg gynradd yn Ysgol Gymraeg Rhydaman a'i addysg uwchradd yn Ysgol Gyfun Maes yr Yrfa, Cefneithin. O'r fan honno aeth i Aberystwyth a graddio yn y Gymraeg, a chan gychwyn ar yrfa ymchwil a darlithio. Ymhen dwy flynedd ymunodd ag Adran y Gymraeg, Prifysgol Abertawe, a'i benodi ychydig flynyddoedd yn ôl yn Athro'r Gymraeg. Un o'i feysydd ymchwil yw barddoneg – edrych ar hanfodion y grefft ac ar ddatblygiad beirdd. Mae'n awdur prysur ac yn cyd-olygu'r gyfres *Ysgrifau Beirniadol* gydag Angharad Price.

Dechreuodd farddoni yn yr ysgol uwchradd dan gyfarwyddyd ei dair athrawes Gymraeg. Yno hefyd y dysgodd gynganeddu, ac ymunodd â thîm Talwrn y Beirdd Rhydaman. Datblygodd ei grefft ymhellach yn Aberystwyth yng nghwmni tîm Talwrn y Beirdd Pantycelyn, dan ofal y Prifardd Huw Meirion Edwards, a chafodd hefyd wersi cynganeddu (am ddim!) gan un o'i hoff feirdd, Bobi Jones. Yn 2010, enillodd Gadair yr Eisteddfod Genedlaethol am ei awdl deyrnged i'r diweddar Athro Hywel Teifi Edwards, 'Ennill Tir'. Cyhoeddwyd honno o'r newydd yn *Hoff Gerddi Coffa Cymru* (Gomer, 2014).

Mae Tudur yn briod ac yn dad i dri o blant, ac mae'r teulu yn byw yn Foelgastell.

C'est bon à savoir

Peth da yw gwybod. *C'est bon à savoir.*
Ni phoenaf ddim mwy am *être* nac *avoir*.

Paratois at Ffrainc. Es yno'n Gymro –
i ddianc rhag pla'r MacDonaldeiddio.

'*Bonjour,*' meddwn i, ond cyn pen brawddeg
boddwyd fy merfau ym môr eu Saesneg.

Jyfwdreiwn bob tro. Pwff! Pa lances
na'm gwelai i'n Sais, a hithau'n Ffrances?

Wrth gwrs, heb os, rhaid gwella'r ynganiad!
Ond *sacré bleu*! Heb wrando na siarad?

Gydag '*On y va*', cesglais y teulu.
Gwenai'r *vendeuse*, '*Missing you already.*'

Jyfwdreiwn: o'r ferf 'Jyfwdreio', y weithred o ddweud '*Je voudrais*'

Tenzing

Nid copa'r ail a welodd
dros gefn ei gyfaill;
nid darllen yn yr eira
mo'r gair 'ac *yna* Tenzing'.
Rhannai'r un rhaff. Cyd-ddringai,
a chyrraedd yng ngham ei ffrind.
Nid claddu'i galon wrth golli –
yr oedd hwn uwchlaw hynny.

Nyni'n unig,
blant y gwastadedd,
o bell, ac ar oleddf gwahanol,
a fynnodd droi'r mynydd
yn stadiwm, a'r dringo'n ras:
datod y rhaff amdanynt, rhyngddynt,
a'i throi'n llinell derfyn
i olympiad ein Brenhines hardd.

Ni'n unig
sy'n mynnu 'sgariad
y ras deircoes hon,
gan weld yn ôl traed ein cyfarwydd
esgidiau bycheingloff ei was.

Diwrnod cynta'r ysgol

Un arddwest o grys
a glesni ei goler
yn gynnwrf gwenyn:

ein bysedd barus
fel llys Tuduraidd
fore'i goroni.

Un sowldiwr swil –
yn garreg filltir
ar lawr y gegin.

Un Brewys bach
i'w wisgo ymaith yn deyrn
gwlad:
dy foryau lond dy fag gwag,
dy dei 'lastig mor deit amdanat.

Ac wrth y gât,
suo a chrio, a gwenu,
o'th ollwng, flodyn,
i fôr y siwmperi llwyd.

Dy sgidiau'n fflachio dy ffarwél.
Dy fore. Dy fag. Dy fyd.

Portread o wraig weddw (1)

Does mo'i osgoi.
Bu angladd.
Mae'r aelwyd yn bwll amdani,
a'r gwely'n gaets diwaelod.
Dyw hi'n deall dim,
na'r galar na'r thermostat.

Ac eto, gŵyr hyn hefyd,
mai'r estron hwn
yw ei chymar a'i chywely mwy:
y Dim Dieithr Tawel Hwn Lond y Tŷ,
yno ym mhant ei sedd,
ym moelni ei gwbwrti gwag,
a hithau'n ei dal ei hun
yn rhoi sêt y tŷ bach i fyny
ac agor droriau ar ei ôl.

O! ydi. Mae yma.
Y Neb ar ei ôl, ym mhob man.
Y Dim gwael. A'r dim ond ei dderbyn
y gall hithau'i wneud.
Gwylio llai o fwyd.
Prynu mwy o deledu.
A'i chegin lawn trugareddau
yn wag o'i wên;
yn llawn eco'i llais
yn ei alw o'r ardd, 'Glyn'.

Ac wedyn, trwy'r drws ... Hyn.

Sbectols

Hei, Sbectols,
pa fath o optegydd yw d'optegydd di?
    Tri'r prynhawn – y capel yn wag
    a thithau'n ei gyhoeddi'n llawn.
'Myrdd myrddiynau, mil o filoedd,' meddet ti.

Hei Sbectols, dwed – 'sgen ti ddeillion lond dy ben?
    Oni weli di'r drysau'n cau
    ar y capel hwn? Ryw brynhawn,
dim ond eco'r eco a glyw dy 'Amen'.

Heddiw, 'mond rhyw dafell o gymun yw'r Sul:
    'm ond chwech, gan dy gynnwys dy hun.
    Wele'r dorth gyfan ar y plât,
ein gwledd o gnawd – y wyrth o borthi pum mul.

Chwyddwydrau'n rhaid yw lensys dy sbectols di:
    lensys ffydd, a holl dyrfa'r nef
    yn gwasgu i'r seddi gwag, yn gudd.
'Mil o filoedd, myrdd myrddiynau,' meddet ti.

Hei, Sbectols,
mae angen optegydd ar d'optegydd di,
a threfna oedfa iddo 'ngweled i.

Rhydamanydd

Mae'n ffaith fod 'na Ammanfo'd
a honno'n dre reit hynod!
Eto gwn na wyddwn i
yn uniaith ddim amdani.
Yn Rhydaman y'm ganed.
Hi'n llwyr yw fy hyd a'm lled.

Cyngor i chwaraewr ifanc

Bydd di'n ben. Bydd dân Bennett, – y dwylo
    O dalent, y Sgarlet,
  Y traed hafoc o rocet,
  Y gic saff, y bêl graff. Grêt!

MERERID HOPWOOD

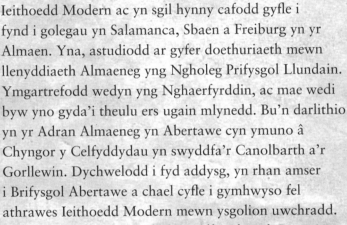

Ganwyd Mererid yng Nghaerdydd.
Aeth i Ysgol Bryntaf ac Ysgol
Gyfun Llanhari. Oddi yno,
aeth i Aberystwyth i astudio
Ieithoedd Modern ac yn sgil hynny cafodd gyfle i
fynd i golegau yn Salamanca, Sbaen a Freiburg yn yr
Almaen. Yna, astudiodd ar gyfer doethuriaeth mewn
llenyddiaeth Almaeneg yng Ngholeg Prifysgol Llundain.
Ymgartrefodd wedyn yng Nghaerfyrddin, ac mae wedi
byw yno gyda'i theulu ers ugain mlynedd. Bu'n darlithio
yn yr Adran Almaeneg yn Abertawe cyn ymuno â
Chyngor y Celfyddydau yn swyddfa'r Canolbarth a'r
Gorllewin. Dychwelodd i fyd addysg, yn rhan amser
i Brifysgol Abertawe a chael cyfle i gymhwyso fel
athrawes Ieithoedd Modern mewn ysgolion uwchradd.

Erbyn hyn mae hi'n aelod o staff Prifysgol Cymru, y
Drindod Dewi Sant. Ei hoff le yn y byd yw Pen-caer,
sir Benfro. Pan nad oes neb yn gwrando, mae'n
mwynhau canu'r soddgrwth, ond ei phrif
ddiddordeb yn ei hamser hamdden yw ymwneud â
llenyddiaeth. Enillodd Gadair Eisteddfod Genedlaethol
Dinbych, 2001, Coron Eisteddfod Genedlaethol Meifod,
2003 a Medal Ryddiaith Eisteddfod Genedlaethol
Caerdydd, 2008. Cyhoeddodd lawlyfr *Cynghanedd i
Blant* (Cyhoeddiadau Barddas) a chyfrol o gerddi,
Ar Bwys (Gomer), yn dilyn ei chyfnod fel Bardd Plant
Cymru.

Alaw

Nid yw'r gân o hyd ar goedd –
mae alaw na chlyw'r miloedd,
un alaw hwnt i'r miliwn
o sêr, hwnt i'r amser hwn,
alaw na all 'run eiliad
roi iddi iaith yn rhyddhad.

Daw o ddyfnder tynerwch
a'i llais mor ysgafn â llwch;
i fynwes ddwetha'r funud
fe ddaw hon ar donfedd hud,
dod â'i dweud i uno dau
heb erwydd a heb eiriau.

Hi ddaw i'r galon lonydd
a'i dawns ar awel y dydd,
cân wag rhwng pell ac agos
na ŵyr neb, na'r dydd na'r nos,
y dôn, na dim amdani,
na ffordd hon o'm cyffwrdd i.

Clychau Eglwys Llangynnwr

Mor ddigynnwrf, ddigerrynt yw'r gwynt
sy'n cario clychau fore Sul,
yn galw'r gwacter i lenwi'r pnawn
drwy hollt y clo, drwy'r drysau cul,
galw, galw, nes suo'r byd
mor dyner ag amser – dyna i gyd.

Hydref

Mae'n hydref yn y coed efydd – a hŷn
yw'r haul ar bob trywydd,
ond ry'n ni'n dod o'r newydd
i droi dail storïau'r dydd;

cof yfory fydd cyfarwydd yn dweud
am ein dydd, ac arwydd
ein stori fydd distawrwydd
beiblau aur y dail bach blwydd.

Papur lapio

Er rhoi dan haen ar haen o hyd – mor rhwydd
ac mor hael fy ngolud,
a mi heb roi fy mywyd
anrheg wag yw'r rhoi i gyd.

Hwiangerdd afon Tywi

Afallen bêr dyf mewn llannerch,
Afallen bêr coed Celyddon,
Afallen bêr â'i blodau sblennydd,
Afallen bêr ar lan fy afon.

Gwêl yr awel yn ei changau'n
denu'i dail i suo cân,
gwêl ei blodau'n nyddu blanced
i'th gysgodi, 'mabi glân.

Clyw hwiangerdd hen Dywi dawel
yn cusanu'i gwreiddiau hi,
clyw, mae cwmni'r tonnau arian
eisiau dawnsio gyda thi.

Paid â gwrando ar y martsio,
paid â chlywed llosgi'r tŵr,
clyw ddim byd ond siant mynachod
yn distewi 'nghrych y dŵr.

Ac ar gwrwgl o gariad
cysga heno dan y sêr,
nes daw'r bore i'th gofleidio
gyda chân afallen bêr.

Afallen bêr dyf mewn llannerch,
Afallen bêr coed Celyddon,
Afallen bêr â'i blodau sblennydd,
Afallen bêr ar lan fy afon.

Y mae stafell

Y mae stafell na elli
yn rhwydd iawn mo'i chyrraedd hi,
hon yw'r stafell sy 'mhellach
na hanes; trwy'r fynwes fach
d'arwain wna coridorau
dy gof hŷn hyd ogofâu
holl amser, hyd siamberi'r
oesau hir, at ei drws hi.

Yna, cei weld nad yw'n cau
yn dynn. Nid oes cadwynau
i'w datod, dim yn d'atal,
ni raid hawl, ni chodir tâl –
ond drwy'r hollt, o gael y drws,
dere, cei wyrth y storws.

Dyfod wnest ti at stafell
holl belydrau'r golau gwell –
y golau sy'n cynnau cân
ddyfnaf, hynaf yr hunan.

Agora'r drws! Clyw'r gwir draw'n
estyn ei ystyr distaw
yn daer, mae am dy arwain
di'n siŵr – gwranda, hwn yw sain
llais y ddawn well sydd ynom.
Diosg drais dy esgid drom
a saf ar drothwy'r 'stafell –

trothwy nad yw mwy ymhell –
a mentra, cama drwy'r cil
i'w heddwch, na fydd eiddil;
dere, mae yn dy aros,
cura nawr, cei goncro'r nos.

Drws gobaith
(ger Tyddewi)

Dere i swper, Bererin,
trwy wyrth y gair, torth a gwin –
hen wledd pob gwir ryfeddod –
sy ar y ford, siŵr o fod;
dere, a rho dy oriau
i'r rhai ar hast, mae'n hwyrhau;
rho dy wats, a dere di
i droedio munudau'r oedi.

Mewn sêr pell gwêl yn cellwair
oleuni mân gleiniau Mair,
a chlyw dawel awel hwyr
y dydd, pibydd y pabwyr,
yna clyw awr pob culhau.
Sŵn y dail mewn sandalau
heno'n dawnsio'r un hen daith
yw'r sgubo ger Drws Gobaith.

Datod*

Rhag fy nghywilydd
berwais y dillad mân
a'u gosod yn dwt ac yn lân
ar y lein denau
i ddawnsio'n dyner
i gyfeiliant y dydd.

Yng ngwich y winsh
os clywais ochenaid,
nid oedais,
codais bob pilyn isaf yn uchel,
a chwifio fy malchder yn faner
fyny fry.

Ac ni ddoi o'r Dwyrain ddim
ond pelydrau'r haul i'w byseddu,
cyn i gusan sych y bore eu crasu'n grimp.

Ni welais ymbil y dwylo pell
fu'n eu pwytho'n dynn,
na gweld yr edau'n datod
cyn diflannu'n dawel,
dan lwch rwbel.

Ni welais ond bargeinion propor, gwyn
yn crogi
rhag fy nghywilydd i.

*mewn ymateb i gerdd R. S. Thomas: 'Two Shirts On a Line',
wrth feddwl am Dhaka, Gwanwyn 2013

ARWEL JOHN

Ers ei eni yn 1947 nid yw Arwel erioed wedi byw tu allan i sir Gaerfyrddin. Aeth i Ysgol Gynradd y Gwendraeth ar sgwâr Pontyberem ac Ysgol Uwchradd y Gwendraeth, lai na milltir i lawr y ffordd. Yno y dechreuodd ymddiddori mewn llenyddiaeth dan ddylanwad Mrs Beryl Lake.

Aeth i Goleg y Drindod, Caerfyrddin, wedyn cyn cael swydd athro yn Ysgol Gymraeg y Dderwen yn y dref honno ym 1969. Bu'n dysgu yno am ddeng mlynedd ar hugain cyn gweithio fel awdur preswyl yn ysgolion cynradd siroedd Caerfyrddin, Penfro a Morgannwg am dros ddeng mlynedd arall, yn cynnal gweithdai ysgrifennu creadigol a drama o dan nawdd yr Academi.

Y dylanwadau pennaf arno o blith y beirdd yw Dafydd Rowlands a Gwenallt. Enillodd Gadair Eisteddfod Genedlaethol yr Urdd yn Abertawe yn 1971 a Chadair Eisteddfod y Jiwbilî yn y Bala yn 1972. Daeth yn fuddugol yng nghystadleuaeth y Goron yn Eisteddfod Pantyfedwen, Llanbedr Pont Steffan (1975), ac yn Eisteddfod Pontrhydfendigaid yn1999.

Mae'n awdur nifer helaeth o sgriptiau ar gyfer Sioeau Cerdd; cyhoeddodd hanes degawd cyntaf Menter Cwm Gwendraeth, *Y Cyffro yn y Cwm* (1995), *Dyddiau Dathlu* (hanes Pontyberem ar achlysur canmlwyddiant y Clwb Rygbi yn 1995) a chyfrol o gerddi ar gyfer plant, *Ar Lan fy Afon I* (Cymdeithas Rhieni ac Athrawon Ysgol y Dderwen, 1995).

Soned dathlu hanner canmlwyddiant achub Cwm Gwendraeth Fach rhag cael ei boddi

Gan bwyll fy mynd a dod i'r dre' ar daith
   O Bontyberem 'nôl a 'mlaen o hyd,
A chyrraedd pont y Gwendraeth lawer gwaith
   Yn Llangyndeyrn wrth groesi rhwng dau fyd.
Nid am fod arwydd pwyllo yn y berth
   A chamerâu cyflymder ar y tro,
Ond er mwyn parch i chi a welodd werth
   Mewn sefyll gyda'ch gilydd dros y fro.
O barch am deimlo'r cysgod ar y clos
   A chlymu gât Glan'rynys gyda'r tsiaen,
Am i chi wrthod ildio gwaun a rhos
   Mae'r pentre' i mi'n fwy nag oedd o'r blaen.
Gan bwyll, i gofio'r unfed awr ar ddeg
Yn Llandre, Allt-y-cadno a Phant-teg.

Cerflun ar sil ffenest

Yn ffenest yr ystafell haul
Mae merch yn syllu
Ar ryw orwel pell
Tu hwnt i'r un a welaf i.

A bydd hi'n eistedd yno yn dragwyddol,
Fel gwylan ar goll,
Ar fachlud pinc y graig
Y'i naddwyd hi ohoni.

Daw llanw'r môr
I olchi'n las
Dros odre'i throwsus crop
Â swnd ei gwallt i blethu'r haul
Yn donnau hyd ei chefn.

Mae'n plygu ei breuddwydion
Yn ei llewys llaes
Wrth syrffio dros donfeddi'r aer
Cyn dod at borthladd gwag y nos.

A bydd hi fel minnau'n
Dal ei gafael fel hen granc
Hyd at farwolaeth
Wrth ei rhimyn tir.

Dilyniant o Dair Soned

i. Sul y Blodau

'Hosanna!' 'n hollti'r wawr dan byrth y dref
    Wrth chwifio cangau palmwydd yn yr aer;
Gorfoledd taenu mentyll iddo Ef,
    Gwaredwr y ddynoliaeth, Mab y Saer.
Ar Sul y Blodau, hanes yr iacháu,
    A'r ebol asyn yn arwyddo hedd;
Y dyrfa, un ac oll, yn llawenhau
    O weld yr Addfwyn hwn, gorchfygwr cledd.
Tu draw i'r cwmwl tocsig dros Belgrâd
    Yn cadw gŵyl, awyren *stealth* ar dân,
Cawodydd o daflegrau *cruise* dros wlad
    Kosovo'n dial rhaib yr oriau mân.
Ac ar y domen uwch Pristina'n staen,
Petalau wedi pydru'n haen ar haen.

ii. Gwener y Groglith

Mae gwawd fel gwawd Golgotha'n codi ofn
   A llwybrau'r Pasg yn wenfflam dros y rhos;
Cyfododd seiren ar ôl seiren ddofn
   O gyrchoedd lluoedd NATO yn y nos.
Bytheiaid Serbia'n prowla hafnau'r tir,
   Yn udo'n lloerig i ffenestri'r gwae,
Gan ysgyrnygu'u safnau miniog, hir,
   A snwffian yn y rwbel am eu prae.
Aeth lodes deg Pristina'n hen gan boen
   Ac eboni ei gwallt yn un â'r gwyll,
Digofaint llosg ei hil ymhlyg i'w chroen
   Wrth ddianc i dir neb rhag dirmyg dryll.
Mae'r siwrnai'n faith i'r ffin a'r trawst yn straen
I'r Un sy'n llusgo'r llwyth ymlaen, ymlaen.

Sul y Pasg

Gŵyl dathlu'r Atgyfodiad. Dant am ddant
    Y bom a'r golchi ethnig ar yn ail;
Y mamau'n ocheneidio dros eu plant
    A sgwâr Belgrâd yn ysgwyd at ei sail.
Y môr o erledigaeth bob yn don
    Yn taro'n erbyn craig tosturi'r byd,
Y plentyn gwan mewn siôl yn sugno bron
    Y lodes dlos â llain o dir yn grud.
Beth ddaw o genedlaethau'r ddinas goll
    Ar ôl y crwydro blin dros erwau'r brad?
Trodd gofid neb yn ofid daear oll,
    Pristina'n ddim ond gair ar fap y wlad
Heb fynd na dod, na bywyd fel o'r blaen,
Nac enaid byw yn dyst i dreiglo'r maen.

Drwy'r ffenest hon

Drwy'r ffenest hon cewch olwg glir ar ddarn
   O haf sy'n dod ynghynt na haf y dre',
A gwawr sy'n hollti'n lanach ar y garn
   I'r meini hen â'u grug yn llosgi'r lle;
Cewch gynaeafau melyn, sgubor lawn
   A mwyar Medi'n drwm ar gloddiau'r ffridd;
Coed cyll i'r gorwel agos, haul prynhawn
   A sgathru ŵyn yn gynnwrf yn y pridd.
O wres yr odyn hon dôi'r llwythi calch
   I buro tir yr hen gymdogaeth wâr;
Cymdogaeth glòs y seindorf, gwerin falch,
   Cae rygbi ac emynwyr mawr shir Gâr.
A phan fo'r sêr ynghynn yn hwyr y dydd
Drwy'r ffenest hon mae Cymru'n Gymru rydd.

Geiriau ar gofeb y glowyr ar Sgwâr Pontyberem

Un teulu agos oeddem ni i gyd
Yn 'wherthin ne' yn llefen yr un pryd,
A thra bo'r talcen glo o dan ein tra'd
Bydd sgrech hwteri'n gryndod yn ein gwa'd.

Mam

(i fy mam-yng-nghyfraith, sef merch y gwehydd
ym melin wlân Rhyd-y-bont, Llanybydder)

Fel brodwaith oedd eich bywyd, Mam – pob dydd
    Â'i bwythe'n gynnil, gynnil ac yn gain,
Fel carthen Llanybydder ar y gwŷdd
    Neu gweiriad hosan dan y nodwydd fain;
Y dyddie'n bleth o batrwm cywrain, glân
    A chithe'n mynd a dod yn ôl eich greddf:
Cwrdd Gweddi, Cwrdd Chwiorydd, Ysgol Gân,
    A chadw oedfa Sul fel cadw deddf.
Ond yma yn y gegin roedd yr hwyl
    A'r tynnu coes yn dapestri o liw,
A phan oedd pawb 'da'i gilydd amser gŵyl
    Roedd gweld eich gwên o hyd yn fodd i fyw;
Ni fyddwch farw fyth, waeth ynom ni
Bob un mae pwyth neu ddau ohonoch chi.

Trychineb mewn glofa

Mewn cornel felen yn ein lolfa ni,
Yn nistawrwydd dudew'r bore bach,
Mae corryn copor San José
Yn troelli troelli
Ar drugaredd gwe
A blygodd dyn.

Tu hwnt i'r mur
Mi glywaf eto atsain sgrech
Hwteri'r glo o oes a fu
Yn codi arswyd ar y cwm
Tra bod y capsiwl,
Dall fel gwadd,
Yn tyrchu twnnel
Drwy wythiennau'r graig.

Yr un yw iaith trychineb dros y byd
A gwn y byddai un o blant y cwm
Yr un â'r ferch yn San José
Sy'n ffrwydro'i gwallt
Dros fronnau Copiapó nawr.

Mewn cornel felen yn ein lolfa ni,
Mae merch yn boddi'i llygaid dwfn
Mewn pydew oer
Rhwng gwewyr a galaru
Cyn dod i'r lan o'r bedd
I osod cusan ar wefusau'r byd.

EINIR JONES

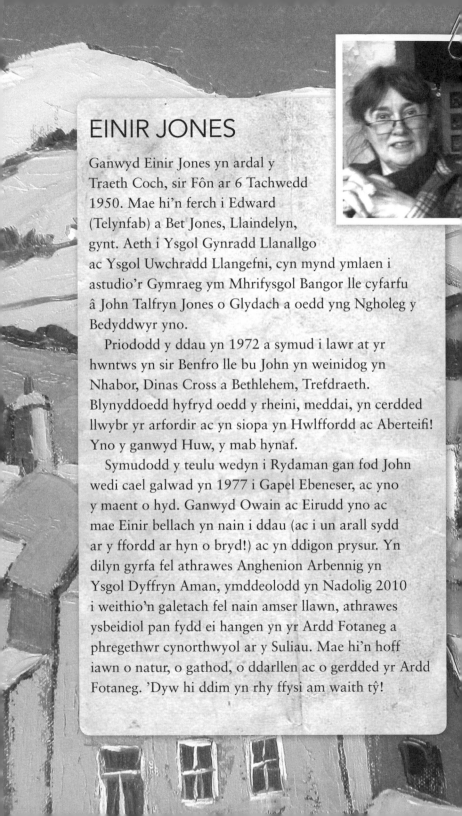

Ganwyd Einir Jones yn ardal y
Traeth Coch, sir Fôn ar 6 Tachwedd
1950. Mae hi'n ferch i Edward
(Telynfab) a Bet Jones, Llaindelyn,
gynt. Aeth i Ysgol Gynradd Llanallgo
ac Ysgol Uwchradd Llangefni, cyn mynd ymlaen i
astudio'r Gymraeg ym Mhrifysgol Bangor lle cyfarfu
â John Talfryn Jones o Glydach a oedd yng Ngholeg y
Bedyddwyr yno.

Priododd y ddau yn 1972 a symud i lawr at yr
hwntws yn sir Benfro lle bu John yn weinidog yn
Nhabor, Dinas Cross a Bethlehem, Trefdraeth.
Blynyddoedd hyfryd oedd y rheini, meddai, yn cerdded
llwybr yr arfordir ac yn siopa yn Hwlffordd ac Aberteifi!
Yno y ganwyd Huw, y mab hynaf.

Symudodd y teulu wedyn i Rydaman gan fod John
wedi cael galwad yn 1977 i Gapel Ebeneser, ac yno
y maent o hyd. Ganwyd Owain ac Eirudd yno ac
mae Einir bellach yn nain i ddau (ac i un arall sydd
ar y ffordd ar hyn o bryd!) ac yn ddigon prysur. Yn
dilyn gyrfa fel athrawes Anghenion Arbennig yn
Ysgol Dyffryn Aman, ymddeolodd yn Nadolig 2010
i weithio'n galetach fel nain amser llawn, athrawes
ysbeidiol pan fydd ei hangen yn yr Ardd Fotaneg a
phregethwr cynorthwyol ar y Suliau. Mae hi'n hoff
iawn o natur, o gathod, o ddarllen ac o gerdded yr Ardd
Fotaneg. 'Dyw hi ddim yn rhy ffysi am waith tŷ!

Ffynnon ac Eglwys Sant Gwyddfaen, Llandyfan

O'r hen ddaear,
o'r graig lwyd
fe fyrlyma'n isel

yn ffynnon sanctaidd,
bedyddfa agored, oer ac
iachusol
ger sylfeini'r muriau.

Chwyn gwyrdd yn llifo gyda'i dyfroedd
a'r atgof am afiechydon yn cael eu golchi ymaith
yn glir yn nrych sgwâr ei phwll bas o ddŵr.

Gofer yn dal i lifo'n dawel
er nad yw neb heddiw'n ceisio meddwl yfed
nac ymolchi,

a'r berw dŵr
ar wyneb y llyn bach cyfagos
yn ffynnu
lle mae'r cyfoes yn sychedu
yn eu bryntni,

a'r tawelwch
yn llawn
o furmur hen lawenydd
ac o ganu'n iach.

Brain

Crawc wan o'r entrychion
a chodaf fy llygaid tua'r nefoedd,
ac yno mae'r brain

yn haid enfawr o ddail ar wynt oer yr hydref,
yn troelli'n gylchoedd a siapiau
yn ffarweliadau
ar chwâl
a'u chwerthin caled
i'w glywed wrth imi glustfeinio
ar yr uchelderau.

Hyrddiant eu hunain ar adenydd y gwyntoedd uchel
a thoddi'n batrymau o reddf
tywyll
yn erbyn gwyn y cymylau stormus
ar derfyn dydd.

Ac yna
wedi'r hir fwynhau,
wedi'r chwarae,
yn araf cylchynant am eu nythfeydd oer
gan sgubo'n gysgodion garw eu plu,
gan hofran
a chwarae triciau cydbwysedd
ar gromen yr awyr eang yn anniben o berffaith.

Disgynnant yn raddol donnau cecrus a blêr
gan ymrannu ar gerrynt yr awel
cyn chwyrlïo'n deuluoedd swnllyd
ar doeau'r tai
a'r cangau cyfleus, cyfagos.

Hen reddf
yn eu tynnu i lawenhau
yn eu gallu ehedog
a'u cyneddfau cyfrin,

mwynhad
du
ar frig yr awel,
y coed,
a'r gaeaf.

Y cae ar nos o Fedi

Tu ôl i'r gerddi gwâr a gwyllt
a'r berth o lawryf,
y ddraenen wen lawn hydref
a'r llwyni pigog gan bersawr plygedig, dyfnbinc
mae'r clofar yn plygu ei ddwylo ynghyd yn ei gwsg
a'r lleuad yn olwyn wen
ar echel bell y cymylau
ger tŵr yr eglwys.

Ac yno,
isod,
yng ngwyll y maes
a'r gwlith ysgafn
mae map y cae yn cael ei ailddylunio'n ddistaw.

Draenog yn mynd ar ras dan frigau beichiog o aeron
orenwyrdd
lle bu petalau rhosod
a chrawcian cweryl dwy frân yn eu breuddwydion tywyll
o wely'r binwydden bell.

Olion cysgodion y cadno yn croesi ar ei daith unigol,
arferol,
drwy lwybr y gwair disglair
yn dilyn ei drwyn a'i reddf goch
trwy arian yr oriau mân

a'r llygod bach,
eu llygaid yn llus llawn a disglair a duon,
yn snwfflan a phiso eu ffordd yn brysur
trwy'r manwellt
dan weau cudd
y corrod o liw'r tywyllwch,

a'r slumod yn hela,
yn feistri deheuig yn eu lledr du,
dan y cylchoedd goleuni uchel.

Daw'r bore.
Bydd y cyrtens caeedig i gyd yn edrych allan eto
dros y maes
ac yn gweld y gwair gwyrdd
a dim mwy.

Yr ail enfys

Mae'r un gyntaf
i gychwyn
yn wan
ond ei seithliw'n cryfhau.

Cordial y coch wedi'i deneuo
gan alwyni'r glaw,
a'r porffor
yn staen sy'n graddol dywyllu
ar y llwyd
diferol.
A rhyngddynt, y pump arall,
eu gloywder yn ymdoddi,
yn araf-lacharu eu dyfrlliw,
trwy'r diwel
anghyffwrddadwy.

Yna, haul gwyn, sydyn
yn tywallt trwy agen cymylau
a hollti i greu rhimyn y gwydr
yn hanner cylch perffaith
eglur,
a gweledig.
Ac ail enfys (efallai)
yn toddi i'r golwg o amgylch y gyntaf
gan dyfu'n groes-berffaith-gyferbyn-adlewyrchiad,
yn hanner cylch o freuder.

A'r llygad, dan straen y chwilio
am ei hail arc,
ei hael ysgafn,
yn rhyfeddu wrth lanio
ar ysgytwad ei harddwch,

cyn iddi ddiffodd
wrth gael ei llyncu
gan geg agored y glaw.

Lleuad

Cragen y lleuad dreuliedig, wen
ar awyr draeth yr hwyr

yn cael ei phwnio gan gerrynt yr awel
a thonnau'r cymylau bas
yn ei chodi a'i chario'n hanner
gwag
a'i rowlio'n rheolaidd dan fân donnau'r gwyll

nes ei phasio'n uwch ar eu brig
a'i gadael yno ar dywod traethell y nos
yn danbaid olau
ar batrymau'r awyr
a gronynnau'r hwyr
a'r tywyllwch
glasddu.

GWEN JONES

Ganwyd Gwen ym mhlwy Cwmduad yn sir Gaerfyrddin, yn un o bump o blant. Addysgwyd hi yn Ysgol Gynradd Cynwyl Elfed, Ysgol Ramadeg Llandysul a Choleg y Drindod, Caerfyrddin. Bu'n athrawes yn ysgolion Capel Cynon, Beulah a Thre-wen.

Mae actio a barddoni wedi bod o ddiddordeb iddi er erioed. Bu'n cymryd rhan mewn dramâu yn y coleg o dan gyfarwyddyd Norah Isaac, a bu hefyd yn aelod o gwmni drama Beulah o dan gyfarwyddyd y prifathro, D. A. Beynon. Cafodd ei hannog i gystadlu yn adrannau llenyddol eisteddfodau lleol gan y Parch O. T. Evans, gŵr fu'n ddylanwad mawr arni.

A hithau'n awyddus i ddysgu cynganeddu, ymunodd Gwen â dosbarthiadau'r diweddar Roy Stephens yng Ngwesty'r Emlyn, Tan-y-groes rywbryd tua 1986/7. Bu'n aelod o dimau Talwrn Tan-y-groes, Merched y Wawr Dyfed, ac mae bellach yn aelod o dîm Talwrn Glannau Teifi. Mae'n dal i gystadlu'n gyson mewn eisteddfodau lleol – mae wedi ennill wyth o gadeiriau i gyd. Yn ddiweddar cafodd gryn lwyddiant yng nghystadleuaeth yr englyn, gan ennill y wobr gyntaf yn yr Eisteddfod Genedlaethol yn 2010. Mae'n briod â Dai, yn fam i Rhoswen, Rhidian a Rhys, ac yn fam-gu i Hannah a Grace sy'n byw yn yr Alban.

Y pentre taclusa'

Mae'r teios bach gwyngalchog, er yn brin
Yn dal i roi rhyw wefr, er bod 'na rai
Yn gwawdio'u bod; ond yma ar y bryn
Y gwelais gynta ddrefl yr ych, fel 'tai
Yn arwydd fod y tywydd teg ar ddod,
Y cefais gwmni fy nghyfoedion lu,
Eu colli weithiau, ac er troi y rhod,
Mae ngwreiddiau'n ddwfn yn nhir fy Hermon i,
A'i flwch o gapel, fel un Rowland Hughes,
Â'i dlysni oddi mewn, mewn ffyddlon rai
Sy'n ceisio peidio meddwl, 'Be 'di'r iws
Cenhadu Sul 'rôl Sul, a ffydd ar drai?'
Ac yn y cefn mae llecyn twtia'r wlad
Lle mae perthnasau lu, a Mam a Nhad.

Perthyn

Ynot gwelaf fy hunan – ac ynot
Mae gwenau fy anian;
Yr wyt ohonof yn rhan
Hebot dwi'n neb, fy maban.

89

Rhwyg

'A baban marw-anedig' –
Dyna ddwedai'r geiriau llwm,
A henwr yno'n syllu
Yn drist, a'i gefn yn grwm.

Pwy oedd y baban hwnnw?
Yr henwr oedd fy nhaid;
Rown ar fin gofyn iddo, –
Ond meddai yntau, 'Paid'.

Eirlysiau

Mis Ionawr, fy mis innau a'i ddannedd
Heno yn fidogau;
Er ei hin y mae'n parhau
Yn un les o eirlysiau.

Drôr

Wrth glirio stôr o ddroriau y gwelais
Ryw gawl o nodiadau
Yn un talp o fywyd dau,
Yn ochain cyfrinachau.

Ystrad-fflur

Hwn a luniodd delyneg, a'i gywydd
   I gywen yn geindeg;
   Onid hwn, yr hogyn teg,
Heddiw sy' 'nghwmni'r deuddeg?

Hermon 1799–1999
(ddiwrnod y dathlu)

Mae'r golau'n ei ffenestri'n dal ynghynn
Yn rhoi gwahoddiad i fforddolion byd
I droi i mewn i'r capel ar y bryn,
Lle bu'n cyndeidiau yn addoli 'nghyd.
Er llawer rhwystr ac er llawer croes,
Fe roesant hwythau o'u ceiniogau prin
I adeiladu tŷ i'r Hwn a roes
Ei einioes drostynt ar Galfaria fryn.
Yma y teimlais eu dylanwad hwy,
A phrofi hefyd ffordd y llwybyr cul;
Lle dysgais fod i'n crefydd lawer mwy
Na mynd i gapel unwaith bob dydd Sul.
Rhaid cadw'r ffydd yn fyw o fewn ein bro
Rhag i'n cyndeidiau weld y drws ynghlo.

Gair

Ers dy fod yn ddim o beth
Roeddet ti'n barabl i gyd;
Clywn stori yn dy lygaid disglair
A'th wenau mwyn.

Gan na welem di'n aml
Roedd hi'n anodd dilyn rhediad
Dy feddwl bywiog;
Fe gawson ni sut hwyl
Wrth geisio deall ein gilydd,
A thithau'n sgrechian chwerthin
Wrth weld y stumiau ar fy wyneb.

A phan ddoist i aros am rai dyddiau
Yn Awst,
Roedd dagrau o lawenydd
Yn fy nghalon,
Pan glywaist ti'n dweud,
'Mam-gu'.

Gorwel

Bu ei oes yn llawn croesau –
Yn y cof roedd 'rhen ddiciâu,
A'r difa, difa yn dod
Yn hen erfyn diddarfod;
Flwydd ar ôl blwydd bu ei blant
Hwythau yn gweld y methiant –
Yn ei lygaid ôl igian,
Ar goll yr oedd geiriau'r gân,
A'i nerfau brau O! mor brin
Yn ei halio i'w ddeulin.

Diwedd sur a dydd y sêl
A'i gyrrodd dros y gorwel.

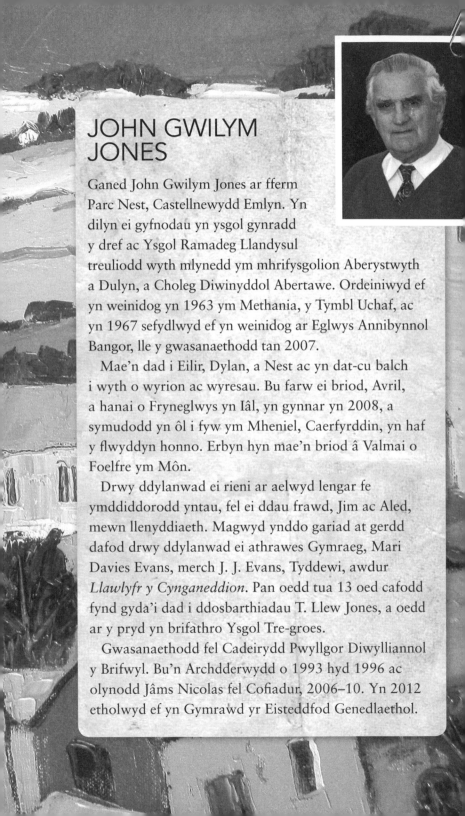

JOHN GWILYM JONES

Ganed John Gwilym Jones ar fferm Parc Nest, Castellnewydd Emlyn. Yn dilyn ei gyfnodau yn ysgol gynradd y dref ac Ysgol Ramadeg Llandysul treuliodd wyth mlynedd ym mhrifysgolion Aberystwyth a Dulyn, a Choleg Diwinyddol Abertawe. Ordeiniwyd ef yn weinidog yn 1963 ym Methania, y Tymbl Uchaf, ac yn 1967 sefydlwyd ef yn weinidog ar Eglwys Annibynnol Bangor, lle y gwasanaethodd tan 2007.

Mae'n dad i Eilir, Dylan, a Nest ac yn dat-cu balch i wyth o wyrion ac wyresau. Bu farw ei briod, Avril, a hanai o Fryneglwys yn Iâl, yn gynnar yn 2008, a symudodd yn ôl i fyw ym Mheniel, Caerfyrddin, yn haf y flwyddyn honno. Erbyn hyn mae'n briod â Valmai o Foelfre ym Môn.

Drwy ddylanwad ei rieni ar aelwyd lengar fe ymddiddorodd yntau, fel ei ddau frawd, Jim ac Aled, mewn llenyddiaeth. Magwyd ynddo gariad at gerdd dafod drwy ddylanwad ei athrawes Gymraeg, Mari Davies Evans, merch J. J. Evans, Tyddewi, awdur *Llawlyfr y Cynganeddion*. Pan oedd tua 13 oed cafodd fynd gyda'i dad i ddosbarthiadau T. Llew Jones, a oedd ar y pryd yn brifathro Ysgol Tre-groes.

Gwasanaethodd fel Cadeirydd Pwyllgor Diwylliannol y Brifwyl. Bu'n Archdderwydd o 1993 hyd 1996 ac olynodd Jâms Nicolas fel Cofiadur, 2006–10. Yn 2012 etholwyd ef yn Gymrawd yr Eisteddfod Genedlaethol.

Jâms Nicolas yn Archdderwydd

Yn achau'r hen gromlechi
yr oedd doe dy wreiddiau di,
a rhoist â'th ffydd i'n dydd dall
olau dewr rhyw weld arall,
a gwarineb gweriniaeth
i yfory'r Gymru gaeth.

Diofn a llym dy Faen Llog,
heriaist ein barnwyr oriog;
rhoi ffrewyll ar Pharoau
a gwarth y rhyfelgwn gau,
gan fynnu hau hadau hedd,
hadau geiriau trugaredd.

Eto i gyd, deuet â gwên
i dŷ hen ddefod awen,
a chae prydferth gan chwerthin
yn ei dro medret ei drin:
hoen dy anian yn denu
ysgafnder o'r dyfnder du.

Di-fost y troediaist dy fyd,
yn dawel, di-sôn, diwyd;
yn dy waith fel yn dy wedd –
y deallus ddidwylledd;
a di-stŵr un nawn doist ti
i ddaear dy Dyddewi.

Y Golomen Wen

(hanes Cymanfa'r Golomen Wen yng Nghapel Milo,
ger Llandybïe)

Bu disgwyl hir amdani, am y gymanfa fawr,
bu corau drwy'r capeli'n ymarfer lawer awr;
a phan ddaeth lleisiau'r broydd i Gapel Milo ynghyd
go brin caed lle i sefyll i'r dyrfa honno i gyd.

Diawel oedd Mehefin, Llungwyn yn don o des,
ac anthem ac emynau'n troi'n doddion yn y gwres;
agorwyd ambell ffenest i'r awel ddod â'i balm,
a chafwyd egwyl dyner a syber yn y salm.

Ond yna'n y gorfoledd, pan godai'r lleisiau'n lli,
wrth ganu am ddyfodiad blwyddyn y Jiwbilî,
er arswyd a rhyfeddod, drwy ffenest y llofft uwchben
beth ddaeth i mewn fel awel ond un golomen wen.

Aeth si drwy'r gynulleidfa, am ysbaid, gan gloffi'r gân,
ond wedyn fe droes y moliant yn wenfflam wyllt o dân:
eisteddodd yr arweinydd o weld y berw byw,
ac ildiodd yr awenau yn llwyr i ddwylo Duw.

Moliant y llu calonnau oedd yno'n rhwygo'n rhydd,
ac emyn ar ôl emyn yn tarddu o ffynnon ffydd;
dôi geiriau gras, a thonau, o fyd tu hwnt i'r llen,
tra'n llonydd, ar sil y ffenest, safai'r golomen wen.

'Mhen hir cyhoeddwyd bendith, ac aeth y dorf i gyd
yn araf araf allan, yn syfrdan ac yn fud;
ac wedi i'r olaf gilio a chau y drws o'i ôl,
aeth hithau'r golomen allan, ac at ei nyth yn ôl.

Petaem yn agor ffenest, a ddôi hi â'i gwynder glân
eto i droi ein hoedfa yn gynnwrf ac yn gân?

Dewi Sant

A'n hil hen yn ei thrueni di-gred,
        rhoed Gwaredwr iddi,
    drwy nawdd Duw rhannodd Dewi
    olud y nef i'n gwlad ni.

Dyled i'r hen fro

Ddoe hudol ges yma'n ddedwydd – a'n traed
        ni'n tri hyd ei hewlydd,
    a'm llety yfory fydd
    yn naear Castellnewydd.

Ysbryd Glyneithinog

Hen fenyw Glyneithinog yn galed fel y wal,
didoreth oedd ei ffermio a'i godro yn ddi-ddal;
fe fyddai rhai'n ei chlywed yn galw'r da i'r clos,
efallai ganol bore, bryd arall ganol nos.
       'Drwy fach! Drwy fach!'
A'r hen Gwm Cych yn atsain o glywed gwaedd y nos:

Fe aeth 'rhen wraig o'i helger i blith y pethau fu;
daeth teulu newydd yma i dwymo yr hen dŷ;
ond ambell dro fe glywid yn nwfn berfeddion nos
y gwartheg, fel mewn breuddwyd, yn dod drwy fwlch y clos.

Dôi Llinos a Myfanwy i'r ffenest yn ddwy fud,
a gweiddi: 'Dat! Pwy alwodd y da i'r clos i gyd?'
A byddai yntau'n ateb: 'I'r gwely, ddwy ferch dda.'
Ni ddwedai, ond fe wyddai pwy fu yn galw'r da.

A phan fydd cŵn plwy' Cenarth i gyd yn cysgu'n drwm,
heb neb ond ambell awel yn cerdded yn y cwm,
daw'r un hen lais i alw rhwng cloddiau'r dolydd du,
 a bydd y llinyn gwartheg yn dirwyn at y tŷ.
       'Drwy fach! Drwy fach!'
 O daw, fe ddaw hi eto i'w galw at y tŷ.

Croeso i'n cartref

Yma ni chei le cymen, na rhoi ffroen
    ar ffrwyth 'run winwydden,
    na llu'r rhaglenni lloeren
    yn dy gôl, 'mond ffrind a gwên.

Ar ran y Golygyddion wrth gyhoeddi *Caneuon Ffydd*

Cynhaeaf y Caneuon rown i wlad,
    rhown lyfr mewn gobeithion
    y daw Duw, drwy'r gair a'r dôn,
    eilwaith i hawlio'i chalon.

Sian Aman
(Meistres y Gwisgoedd 1984–2011)

Gofal dros Orsedd gyfan a urddaist
    â harddwch dy anian;
    i'n gŵyl Awst dy liwiau glân
    ddôi'n llif i foddi'n llwyfan.

TUDUR DYLAN JONES

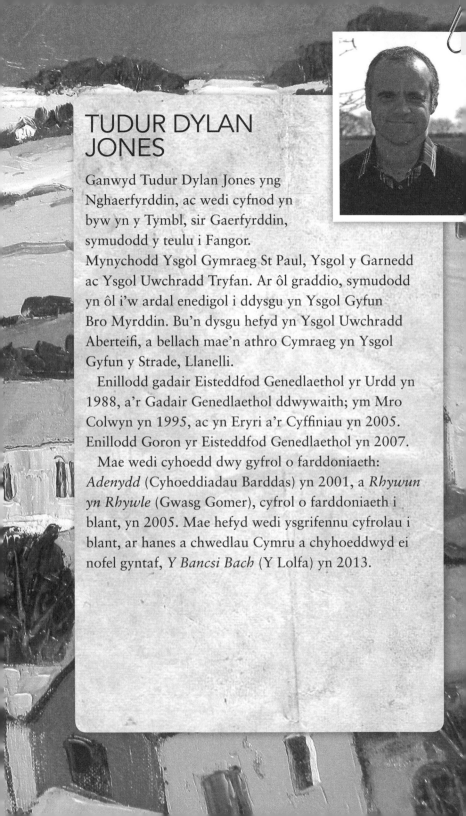

Ganwyd Tudur Dylan Jones yng Nghaerfyrddin, ac wedi cyfnod yn byw yn y Tymbl, sir Gaerfyrddin, symudodd y teulu i Fangor. Mynychodd Ysgol Gymraeg St Paul, Ysgol y Garnedd ac Ysgol Uwchradd Tryfan. Ar ôl graddio, symudodd yn ôl i'w ardal enedigol i ddysgu yn Ysgol Gyfun Bro Myrddin. Bu'n dysgu hefyd yn Ysgol Uwchradd Aberteifi, a bellach mae'n athro Cymraeg yn Ysgol Gyfun y Strade, Llanelli.

Enillodd gadair Eisteddfod Genedlaethol yr Urdd yn 1988, a'r Gadair Genedlaethol ddwywaith; ym Mro Colwyn yn 1995, ac yn Eryri a'r Cyffiniau yn 2005. Enillodd Goron yr Eisteddfod Genedlaethol yn 2007.

Mae wedi cyhoedd dwy gyfrol o farddoniaeth: *Adenydd* (Cyhoeddiadau Barddas) yn 2001, a *Rhywun yn Rhywle* (Gwasg Gomer), cyfrol o farddoniaeth i blant, yn 2005. Mae hefyd wedi ysgrifennu cyfrolau i blant, ar hanes a chwedlau Cymru a chyhoeddwyd ei nofel gyntaf, *Y Bancsi Bach* (Y Lolfa) yn 2013.

Stryd

Pob stryd fawr yn awr a aeth
yn ddi-wên ddiwahaniaeth,
'run geiriau uwch siopau sydd
yn hawlio ein heolydd,
hawlio yr un hen olwg
a'r masnachu'n gwerthu gwg.

Ond siop gornel a weli
weithiau ar dy deithiau di,
ac o'i mewn, o'r golwg, mae
tawelwch, nid sŵn tiliau,
y lle distaw llawn awen ...
mae siop felly'n gwerthu gwên.

Lili'r Wyddfa
(Brwynddail y mynydd)

Heddiw mae hon a'i gwreiddiau yn gafael
yn hen gof y creigiau
ac uwchben y frwynen frau
fy hun a welaf innau.

Pen y daith

Rwyt ti'n un â'r pererin ar ddechrau'r daith
yn wynebu'r wawr, a'r milltiroedd maith,

ac yn codi golygon i weld yn glir
y gorwel main rhwng yr awyr a'r tir.

Rwyt ti'n gweld y briallu yn lliw ar y llawr
yn arwain dy ffordd tua'r antur fawr.

Rhaid cau dy gôt rhag curiadau'r glaw
wrth chwilio'r byd am fan gwyn man draw,

a chyn i lygad y gwanwyn gau
beth am wrando am drydar yr adar iau?

Y mae ambell deithiwr yn byw a bod
i aros am gwmni, gan dy weld yn dod,

ac yn mynnu rhannu gair neu ddau,
ond mae amser yn ffoi a'r dydd yn hwyrhau,

ac mae symud yn gysur a'r aros yn straen,
felly cwyd dy bac a dos yn dy flaen

rhag i baent yr hydref wneud ei waith
a thithau heb gyrraedd diwedd y daith.

Rwyt ti'n chwilio dy ffordd rhwng gofalon y dydd
tua'r lôn agored a'r awel rydd,

ac efallai'n cwrdd gyda'r hoff, cytûn,
fydd yn nabod y tir ac yn llenwi'r llun.

Rwyt ti'n un â'r pererin tua phen y daith,
ac wrth aros am wynfyd y machlud maith

rwyt ti'n gweld fod briallu ryw ddydd a ddaw
yn barod â'u lliw ar yr ochr draw.

Eira

Mae'n dywydd ac mae'n duo
a heno, gyda'r hwyr
mae llygad haul ar flino,
cyn iddo gau yn llwyr,
a bydd cyn hir, yn llenwi'r llun,
y cwmwl duaf, mwyaf un.

A golau'r dydd o'r golwg
dan gorddi'r llwydni llwm,
mae fory lond ei ddwylaw,
o draw, yn cronni'n drwm,
pan ddisgyn ar ei phen ei hun
y bluen leiaf, wynnaf un.

Adar Angau

(Dyma'r term Cymraeg am y 'drones' sy'n cael eu hymarfer
yn Aber-porth. Maen nhw'n cael eu rheoli o filltiroedd i ffwrdd
drwy sgrin cyfrifiadur. Mae cannoedd o bobl ddiniwed wedi
cael eu lladd gan y peiriannau hyn.)

Gynt roedd trydar adar iau
ar lonydd ac ar lannau,
a chywion bach hŷn na byd,
ifanc fel heddiw hefyd;
nythaid o'n gwenoliaid ni
yn wanwyn eto inni,
a chyw bach goruwch y bae
â chyw arall yn chwarae.

Ond dringodd adar angau
lle bu trydar adar iau,
seiniesid eu sŵn isel
yr un iaith â marw'n hel,
hel plantos ddydd a noswaith,
hel ofnau'n gymylau maith.

Uwch tangnef ein pentrefi,
creu dolur o'n hawyr ni,
hyn a wnawn yn ein henw,
yr un un yw ni a nhw,
tawedog eto ydym,
a thawedog euog ŷm.

Ni welwn ni wylo nos
na rhegi'r marw agos,
ni chlywn ni uwchlaw ein haf
yr hiraethu i'r eithaf,
ym myw rhydd ein dedwyddyd
mae pellter yn bellter byd.

Ar ryw eiliad, yn rhywle,
y mae loes na wn ymhle,
eiliad yr anweladwy
â'i ddolur o'u hawyr hwy
yn wanwyn o gelanedd ...
a chywion bach yn y bedd.

Plentyndod

Dod yno i'r mân donnau – a wnei di,
   ar dywod yr oesau,
  a dod o hyd i dristáu
  na chei aros i chwarae.

'Dwy law yn erfyn sydd yn y darlun'
(Albrecht Dürer yn siarad â'i frawd, Albert)

Mae oes na wêl fy mysedd
â llesgedd lond fy llaw,
a hunaf fi'r arlunydd
ryw ddydd, ond fory ddaw
â'th ddwylo di yn llenwi'r llun,
y ddwy law fach eiddilaf un.

Robin goch

Mae un yn torri'r bara gyda'i law
a gosod dŵr ar fwrdd yr adar mân,
ei wneud bob dydd, rhag ofn yr hyn a ddaw,
rhag ofn i sŵn y gwynt ddistewi'r gân.
A'r gawod eira'n llonydd hyd y llawr,
ym môn y llwyni ac yn nrysau tai
mae creaduriaid bach o awr i awr
yn chwilio mwy ond dod o hyd i lai.
Yn wrid i gyd daw robin goch, na fedd
yr un dim oll i'w gynnal heibio i'r hwyr,
o'i gangen mae'n synhwyro fod 'na wledd
ar liain gwyn yn aros ... ac ni ŵyr
pa law roes ddŵr a bara ar y bwrdd
wrth fentro draw i'w nôl, cyn hedfan ffwrdd.

ANEIRIN KARADOG

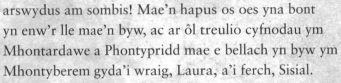

Aneirin Karadog yw Bardd Plant Cymru 2013–2015. Pan nad yw'n clera ledled y wlad o ysgol i ysgol mae'n gweithio fel cyflwynydd ar raglen *Heno* ac ambell raglen arswydus am sombis! Mae'n hapus os oes yna bont yn enw'r lle mae'n byw, ac ar ôl treulio cyfnodau ym Mhontardawe a Phontypridd mae e bellach yn byw ym Mhontyberem gyda'i wraig, Laura, a'i ferch, Sisial.

Mae'n gyfrannwr cyson i gylchgronau *Barddas*, *Y Glec* a *Taliesin* ac yn mwynhau perfformio'i waith yn ogystal â cheisio mireinio'i grefft yn ysgrifenedig. Cyfrannodd i gyfrol a thaith 'Crap ar Farddoni' yn 2006 a bu'n aelod o'r grwpiau rap Y Diwygiad a Genod Droog. Yn ddiweddar, cyhoeddodd awdl am y meirw byw ar ffurf albwm cysyniadol trawsgelfyddydol – gan gyfuno cynghanedd, cerddoriaeth ddawns a darluniau arswydus. Enillodd ei gyfrol gyntaf, *O Annwn i Geltia* (Cyhoeddiadau Barddas), gategori barddoniaeth Llyfr y Flwyddyn 2013. Dysgodd gynganeddu dan arweiniad deheuig Rhys Dafis yng Ngwaelod-y-garth ar droiad y mileniwm. Mae bellach yn aelod o Ysgol Farddol Caerfyrddin ac yn dalyrnwr ac ymrysonwr brwd gyda thimau Tir Iarll a'r Deheubarth. Mae Aneirin o dras Lydewig ar ochr ei fam ac yn siarad pum iaith: Cymraeg, Llydaweg, Ffrangeg, Sbaeneg, a Saesneg.

Dangosaf iti aflendid ...

Padla mab fy mab
yn nŵr brwnt Bae Merthyr
a'i ysgyfaint asmatig
yn bustachu anadl ddofn.

A'i frawd at ei ganol
mewn carthion yn cwrso
llysywen ffyrnig at ei ginio,
herciaf yn henwr
dall dianadl i'w atgoffa
o'r byd na welodd erioed.

Cosaf ei ddychymyg a thynnaf ddŵr
i'w ddannedd ag atgofion
o gyfrifiaduron yn cario
e-golomennod dros yr Iwerydd.

Dinasoedd o siopau yn gloddesta ar gardiau
plastig gan chwydu eu danteithion
i fagiau plastig ein chwant.
Ceir yn ein cludo o fwyty i gyngerdd,
o gartref llawn gwres canolog
i faes awyr sgleiniog.

Atgofion o fwg a chyfleustra
a'r cyfleustra nawr yn fwg i fab
fy mab ei anadlu yn ddwfn wrth badlo
yn nyfroedd brwnt Bae Merthyr.

Tawelwch y cwm

(tanchwa Six Bells, 28 Mehefin 1960,
lle lladdwyd 45 o ddynion)

'Dda'th neb gatre o blith yr adar mân
a hithe'n Fehefin hyfryd o ha';
ma'r cwm yn ddwedwst ond am grawc y frân.

Ma'r platie ar y ford fel ei llien yn lân
drwy frige'r nyth chwythodd y gwynt yn chwa;
'dda'th neb gatre o blith yr adar mân.

Ma tician y cloc yn mynd yn gro's i'r gra'n;
roedd dwylo'r lladmerydd yn dalp o iâ;
ma'r cwm yn ddwedwst ond am grawc y frân.

Dau blat yn ormod i swper yw ôl y sta'n;
rhy dwt yw'r parlwr a glendid yn bla;
'dda'th neb gatre o blith yr adar mân.

Ma bysedd y cloc yn mynnu mynd yn 'u bla'n
a'i gord bob awr yn lle'r trydar sol-ffa;
ma'r cwm yn ddwedwst ond am grawc y frân.

Eneidie yn sgrechen o'r pwll drwy'r tân;
ma'r haf yn rhy dwym i'r holl ddynon da;
'ddaw neb gatre o blith yr adar mân;
ma'r cwm yn ddwedwst ond am grawc y frân.

Ni chanodd yr adar heddiw

(Cyfres o benillion Haiku a sgrifennais flwyddyn union wedi i
farwolaeth Iwan Llwyd gael ei chyhoeddi. Diweddodd y diwrnod
gyda gwennol yn hedfan i mewn i ffenest flaen fy nghar.)

Glaniodd deryn du
o'r entrychion yn fy ngardd
yn llawn llwch o'r lôn.

Gwelais dy farcud
coch yn cylchdroi'r cae a'i gwt
yn fforch yn y lôn.

Clywais yr osgordd
yn cyrchu corff yr hedydd
adre ar y lôn.

Rhegodd crawc y frân
gan lwydo lliw'r dydd am nad
wyt ti ar y lôn.

Dawnsiodd un wennol
yn wên at ffenest fy nghar
cyn i'r lôn ei lladd.

I gawr Mynyddygarreg

(Cefais y fraint o ddarllen hwn i Ray Gravell ar ei raglen radio foreol. Mae'r llinell olaf bellach i'w gweld ar benddelw ohono yng nghyntedd BBC Cymru, Llandaf.)

Gweld y gorwel wna'r gwladgarwr, – gweld coch
a gweld cais yn heriwr,
gweld chwedl y genedl wna'r gŵr,
un o'r werin yw'r arwr.

Senghennydd

Mae'r holl haene mor llonydd, pob ceiniog
ym mawnog y mynydd,
a glo du, nid gole dydd
sy' yng nghân ddofn Senghennydd.

Noson i'r brenin
(i Jarman)

Mae gitâr rocar a'i eco'n rhegi,
a *reggae* sydd heno'n
cymell y llanc i sgancio'n
y gìg hwyr drwy fwg y co'.

Oscar

Bu 'na gath yn byw'n gaethwas
i'r stryd oer, y strae o das
digartrefedd y meddwyn,
yn dagu hyll du a gwyn.
'Dyna chi un cwdyn chwain,'
bu *neighbour* snobi'n ubain.
'Caeed y sgryff mewn cawell,
aed ag e i fywyd gwell!'

Mewn oerfel main a hirfaith,
myn sêr, roedd hi'n meinws saith!
Llwglyd rog, esgyrnog oedd,
anwydog o wan ydoedd.
Heb gariad bu'n begera
ar hewl oer o wely iâ,
a thisian bob un anal,
drewai â chot fudr ar chwâl.

Yn igian ei unigedd
a'i beswch yn beswch bedd,
ca'dd wasgod o'n maldodi
a thwymo'n iawn. Wrthym ni,
a'n mwythau'n drawstiau drosto,
a chariad iach, ir o do,
a'n cysur yn fur, yn fwyd,
o'i eiddilwch, ca'dd aelwyd.

MARI LISA

Un a'i gwreiddiau'n ddwfn ym mwynder Maldwyn yw Mari Lisa. Fe'i magwyd ar fryniau Llanwrin, dafliad carreg o Fathafarn. Cafodd ei haddysg uwchradd yn Ysgol Bro Ddyfi, Machynlleth, cyn mynd i Brifysgol Aberystwyth i astudio Cymraeg a Drama. Yn dilyn hyn dyfarnwyd iddi radd MPhil am ei gwaith ymchwil i garolau plygain Maldwyn. Ar ôl cyfnod yng Nghaerdydd, symudodd i fyw a gweithio yng Nghaerfyrddin. Treuliodd gyfnod hefyd yn Aber-porth, Ceredigion, ond dychwelodd eto i dre'r hen dderwen ar droad y mileniwm.

Bu darllen yng ngwaed Mari erioed, ac mae'n sicr bod hynny wedi tanio ynddi awydd i lenydda. Enillodd Fedal Lenyddiaeth Eisteddfod Genedlaethol yr Urdd yn 1985, a'r goron yn y flwyddyn ganlynol. Hi oedd awdur sioe gerdd yr ysgolion cynradd pan ymwelodd Eisteddfod Genedlaethol yr Urdd â Maldwyn yn 1988. Yn 2001, wedi ei swyno gan y canu caeth, ymunodd ag Ysgol Farddol Caerfyrddin er mwyn hogi'r arfau, ac ers hynny mae wedi ennill cadeiriau mewn sawl eisteddfod, gan gynnwys cadair a choron Eisteddfod Llanbedr Pont Steffan. Dros y blynyddoedd, mae wedi cyfrannu'n rheolaidd at raglen *Talwrn y Beirdd* ar Radio Cymru, yn wreiddiol gyda thîm y Garfan, ac yna gyda'r Rhelyw. Cymerodd ran yn ymrysonau'r Eisteddfod Genedlaethol yn ogystal, gyda thimau Caerfyrddin a Maldwyn.

Cadwynau

Wrth lusgo'r gegin gefn i wynnach byd
â brws a phast a phaent a phapur glân,
a thynnu haenau ddoe i ffwrdd i gyd,
fe'ch gwelais yno, yn y rhosod mân,
a'r border glas. Mewn llinell ac mewn lliw
a chylch a sgwâr, yr oeddech yno'n dal,
a sŵn a swae a sioe newydd-deb byw
yn llafar ar fudandod pedair wal.
Fe rwygais stamp eich ffasiwn chi bob un
yn sglodion hen bapurach ar y llawr,
a gwisgo'r waliau noeth â mi fy hun
gan roddi arnynt sglein y dydd a'r awr;
a gwelais, wedi'r gwaith, na wneuthum i
ond cuddio'r craciau, yr un fath â chi.

Dial

Rho hylltod o wermod oes
yn lân mewn dysgl einioes.

Yn ara bach, dyro bwys
o wynie at y cynnwys.

Rho'r pinsied lleia wedyn

o hadau dig. Wedi hyn,
chwe galwyn o wenwyn ir,
cusan o eiriau caswir,
a dwy lond llwy eitha llaith

o hen gŵyn, a'i droi ganwaith.

Berwa at bwrpas iasoer,
yn un wên, a'i weini'n oer.

Dyddiadur wythnos

Roedd pedwar ugain mlynedd yn y llwch
anadlodd dan fy llaw o'i gloriau o,
a gwynt ei blygion llaith o'm cylch yn drwch
fel petai pobol ddoe ond rownd y tro.
A minnau ar ryw berwyl, dyma droi
at wythnos ddechrau Ebrill, pan oedd Taid
yn llefnyn wrth ei waith ac yn ymroi
i gadw'r ffyrdd yn gymen, fel roedd rhaid.
Roedd yno sôn am dywydd mwyn a glaw,
am ollwng ambell oen o'r drysi'n rhydd,
am weithio'r Bwlch, am dorri ffos â'i raw,
a cherdded llwybr cul y seithfed dydd.
Dim byd o werth i 'run hanesydd gwlad –
dim ond mai hon oedd wythnos geni 'Nhad.

Gwin

Fe allem ni'r newydd-gymunwyr,
o'n holi, roi ateb o'n côl
i bopeth, o'r bron, a ofynnwyd
y diwrnod gwyn hwnnw dro'n ôl.

Fe wyddem ni ystyr y ddefod
bron cystal â neb, am wn i;
mai cnawd oedd y bara gwyryfol,
mai'r gwin ydoedd gwaed Calfarî.

Er hynny, er derbyn, ni welem,
o sgwariau meistrolgar ein byd,
fod cwestiwn mewn hanner gwniadur
sy'n drech na'r atebion i gyd.

Cyfres o englynion: Ynysoedd

Fi

Mae eraill yn nŵr fy mhoeryn, yr wyf
o'r un drwyn â rhywun.
Rwy'n gymuned, ond wedyn,
rwyf fi yn fy môr fy hun.

Llanddwyn

(yn ôl y sôn, gwelai rhai enwau eu
darpar gariadon yn nŵr y ffynnon)

Yr wyt yn fy natur i, yn air hen
cyn erioed dy enwi.
Ond un haf fe fynnaf i'r
wyneb sy'n ateb iti.

Enlli

Yn y lle hwn, lle'r perllannau, mynnais
gymuno â'r seintiau,
nes i dŷ paradwys dau
foelyd 'da'r cnwd afalau.

Ynys Lawd

(... a'i goleudy)

Pan fo'r dŵr yn milwrio, a'i orwel
yn diroedd i'm twyllo
yr wyf, o'i orffwylltra o'n
dychwelyd at dy chwilio.

Ynys Bŷr

A'r ffwdan yn cau amdanaf a baich
y byd ar fy ngwarthaf,
yn ei gardd fy nerthu gaf,
yn ei hedd ymlonyddaf.

Gwales

Uwch ergydion y tonnau, uwch y grawc,
uwch y gri'n ei chreigiau,
uwchben clindarddach y bae
clywaf wichian colfachau.

Afallon

Un dydd, megis nos y daw dy rwyfwr
ar ei drafael ddistaw,
i hel y saint yn hylaw
a chau'r drws o'r ochor draw.

Troeon yr yrfa

Pan ddeuai gwên y garafán i'r fro
yn llawn addewid, dim ond talu'r pris,
doedd byw na bod na chawn i felly dro
ar olwyn chwil y ffair. O ris i ris
fe'm rhuthrwyd at y copa uchaf un
a'r antur fer yn wynias yn fy ngwaed,
cyn siglo yno dro yn rhan o'r llun
yn aros i'r rhai isaf hel eu traed.
Rhyw gloffi 'chydig wedyn, dal y lein,
a gwynt y dwyrain yn gogleisio 'ngwallt.
Y funud fawr yn dechrau colli'i sglein
a minnau, ar fy siwrnai lawr yr allt,
yn ofni gweld, pan ddeuai 'nhro i ben,
y troellwr tywyll yn y caban pren.

J. BEYNON PHILLIPS

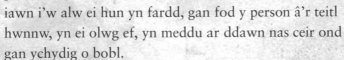

Brodor o Dalog yn sir Gaerfyrddin
yw J. Beynon Phillips. Er iddo
ymddiddori yn y grefft o farddoni er
pan oedd yn ifanc, mae'n amharod
iawn i'w alw ei hun yn fardd, gan fod y person â'r teitl
hwnnw, yn ei olwg ef, yn meddu ar ddawn nas ceir ond
gan ychydig o bobl.

Dysgodd gynganeddu mewn modd anghyffredin. Yn
ystod gwyliau'r haf pan oedd yn fachgen ysgol, arferai
weithio gyda Jim Bowen, Plas y Glomen, saer maen a
llythrennwr cerrig beddau, a bardd gwlad penigamp.
Yn ystod yr awr ginio câi wersi yn y gynghanedd wrth
ddarllen yr englynion coffa ar y meini, a llawer o'r
rheini'n wallus! Parhaodd y diddordeb yn ystod ei yrfa
fel athro a bu am gyfnod yn aelod o dîm Talwrn Bro
Myrddin. Cefnogodd eisteddfodau ledled Cymru ac
enillodd ugeiniau o gadeiriau mawr a bach. Ymfalchïa
yn y ffaith iddo ennill ei gadair gyntaf o law'r diweddar
brifardd T. Llew Jones. Dro yn ôl, cafodd ychydig o sylw
gan y wasg oherwydd iddo ennill tair cadair ar yr un
diwrnod.

Nid barddoni yw unig diddordeb Beynon. Mae'n hoff
o ganu a bu'n aelod o nifer o gorau, gan gynnwys, Bois
y Blacbord, yn ystod ei gyfnod o ddeng mlynedd ar
hugain fel prifathro Ysgol Gynradd Brechfa.

Emyn

(ar gyfer gwasanaeth priodas)

Dyro, Arglwydd, heddiw'th fendith
Ar ein gweddi ger dy fron.
Ceisiwn gymorth ac arweiniad
Wrth yr allor sanctaidd hon.
Ti sy'n dyst i lwon cariad
Dau o'th blant sydd yma 'nghyd,
Arllwys arnynt ras y nefoedd
Sydd yn well na thlysau drud.

Dyro, Arglwydd, heddiw'th fendith
Ar bob bwriad teilwng sydd
Yn eu calon i gyd-gerdded
Llwybrau'r daith â chamau ffydd.
Ti sy'n dyst i lw'r cariadon
Seliwyd gan y fodrwy lân,
Arllwys arnynt serch y nefoedd
A dry aelwyd dau yn gân.

Dyro, Arglwydd, heddiw'th fendith
Ar eu gobaith megis had
Sydd yn deffro yn y ddaear
Ac a dyf yn ffrwyth boddhad.
Ti sy'n dyst i lw'r adduned,
I ffyddlondeb gydol oes.
Estyn iddynt falm dy gariad
Sydd yn lleddfu siom a loes.

Dyro, Arglwydd, heddiw'th fendith
Ar bob ymdrech gan y ddau
I arddangos yn eu bywyd
Nad yw serch yn gwlwm brau.
Ti sy'n dyst i burdeb calon
Ddeil yn llinyn una'r ddau,
Estyn iddynt wyrth y cariad
Sydd yn tyfu a dyfnhau.

Y Gymraeg

Un welw yw f'anwylyd – a'i hwyneb
　　Yn hen a chrebachlyd,
　　Er byw dan lymder bywyd,
　　Y mae hon yma o hyd.

Amser

Beunydd ar draed crwbanog – y cerddai
　　I'm cwrddyd yn ddiog,
　　Heddiw ar ras fe ddaw'r rôg
　　Â hirnaid ysgyfarnog.

D.J.

Ni roddwyd i ti'r ddawn i dynnu llun
A rhoi ar gynfas hen wynebau'r fro,
Dy frodyr yn y filltir sgwâr gytûn
Fel Dafi'r Efail Fach ac Wncwl Jo;
A dangos ym mhob ystum corff a threm
Ddoethineb cyfrin a rhadlonrwydd ir
Fodolai i dywynnu megis gem
Mewn cymeriadau feddai sawr y tir.
Dy gyfrwng di oedd geiriau lliwgar, rhad
A dywediadau bachog,ffraeth a fu
Yn fwrlwm ar leferydd mam a thad
A gwerin wâr tir coch, tir glas, tir du.
Amlygaist inni odidowgrwydd lliw
Eneidiau yn dy bortreadau gwiw.

Llais

Mae i'w gael ynom i gyd – yn sibrwd
        I sobri ein bywyd,
    Ac i ochel dychwelyd
    I'r holl flinderau o hyd.

Ar wib

Ddoe,
O gell yr ysgol
Gwelwn geffyl amser
Yn clunhercian heibio
A llefwn ar y marchog
I blannu'r sbardunau
Yn ddwfn.

Heddiw,
O'r cartref preswyl
Gwelaf geffyl amser
Yn rhuthro heibio
Fel llewpart ar warthaf gafr,
A galwaf ar y marchog i
I dynnu'r penffrwyn.

Deilen grin

Hen ŵr llwm sy'n ei gwman – yn llusgo
Ar draed llesg o'i drigfan,
A'r egwyl yn darogan
Y ddaear oer ddaw i'w ran.

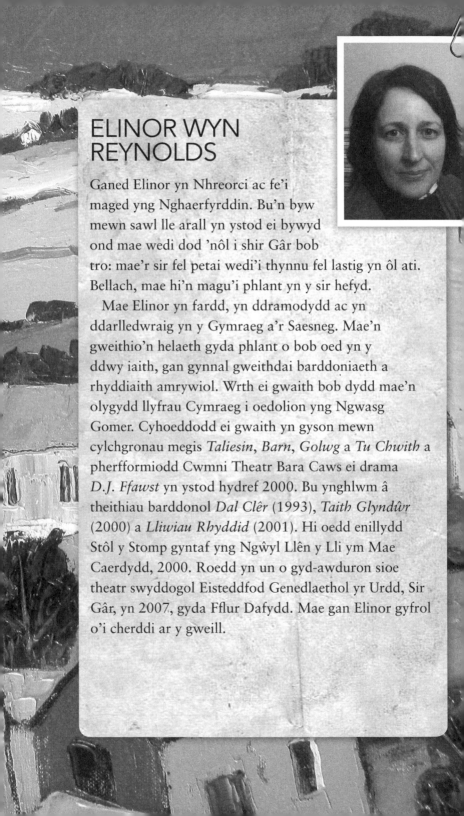

ELINOR WYN REYNOLDS

Ganed Elinor yn Nhreorci ac fe'i maged yng Nghaerfyrddin. Bu'n byw mewn sawl lle arall yn ystod ei bywyd ond mae wedi dod 'nôl i shir Gâr bob tro: mae'r sir fel petai wedi'i thynnu fel lastig yn ôl ati. Bellach, mae hi'n magu'i phlant yn y sir hefyd.

Mae Elinor yn fardd, yn ddramodydd ac yn ddarlledwraig yn y Gymraeg a'r Saesneg. Mae'n gweithio'n helaeth gyda phlant o bob oed yn y ddwy iaith, gan gynnal gweithdai barddoniaeth a rhyddiaith amrywiol. Wrth ei gwaith bob dydd mae'n olygydd llyfrau Cymraeg i oedolion yng Ngwasg Gomer. Cyhoeddodd ei gwaith yn gyson mewn cylchgronau megis *Taliesin*, *Barn*, *Golwg* a *Tu Chwith* a pherfformiodd Cwmni Theatr Bara Caws ei drama *D.J. Ffawst* yn ystod hydref 2000. Bu ynghlwm â theithiau barddonol *Dal Clêr* (1993), *Taith Glyndŵr* (2000) a *Lliwiau Rhyddid* (2001). Hi oedd enillydd Stôl y Stomp gyntaf yng Ngŵyl Llên y Lli ym Mae Caerdydd, 2000. Roedd yn un o gyd-awduron sioe theatr swyddogol Eisteddfod Genedlaethol yr Urdd, Sir Gâr, yn 2007, gyda Fflur Dafydd. Mae gan Elinor gyfrol o'i cherddi ar y gweill.

'Dyw hi byth rhy hwyr'

(graffiti ar arwydd ar heol Nantgaredig,
y tu fas i Gaerfyrddin)

Dyw hi byth yn rhy hwyr i ddim,
ma wastad amser,
medd geiriau'r graffiti
wedi'u sarnu ar y ffordd.
A fydd hi fyth yn rhy hwyr i ni yma,
tra bod pobl yn sgrifennu 'da dwylo cudd
a ffydd gweledydd
ar hyd yr heolydd
na fydd hi'n rhy hwyr i ni.
Daw haul ar fryn bob tro
ac enfys gyfan wlithog wedi glaw
i wenu wyneb i waered
mewn seithliw seicadelig
a sychu dagrau difaru ymaith
yn llwyr.

Ffair Aberteifi

Mae 'na rai nosweithiau sy'n aros yn y cof yn glir
ac ar noson hir fel hon
pan mae'r lleuad yn hen a blin
yn cuddio heb *alibi* y tu ôl i gymylau,
mae ysbrydion
ffeiriau'r gorffennol yn ticlo'r cof a whare hen drics,
y ffroenau'n llenwi'n felys a chyfoglyd
â siwgwr cynnes candi-fflos.
Ffeiriwn i 'run atgof am ffeuen hud.

Daw pobl o'r mynyddoedd i dywyllu'r dre
i chwyrlïo o gwmpas ar longau gofod llawn lliw
a chwydu chwerthin ar hyd yr stryd.
Hen ddynion o Hong Kong heb goesau,
mamau'n rhydd o'u plant am noson,
cariadon yn crwydro pafinau
law yn llaw hamddenol
gan esgus byw priodas.
Pob stondin yn cynnig
addewid am rywbeth fydd yn
newid bywyd yn llwyr,
yn creu Aberteifi newydd o fflwcs plastig,
o flaen eich llygaid –
neu'ch arian chi'n ôl!

Rhwng polion lamp mudan
mae marchnad gyfan yn gweu
cyfandir cwsmeriaid wedi'u cyffroi gan chwyrligwgan
llesmair y ffair.
Mae'n wyllt, mae'n hudol, mae'n feddwol, mae'n rhyfeddol.

Erbyn bore, fydd dim ar ôl o'r holl sioe
ond papurau gwag sglodion ddoe.

Celfi *al fresco*

Mae rhywbeth ar droed yng ngheginau Cymru,
rhyw hen swmbwl rhyfedd ym mherfedd boliau
rhewgelloedd y wlad
sy'n rhynnu mewn corneli oer ac yn ysu am
gysur golau cynhesach na'r un sy'n dangos
bod y drws ar agor.

Mewn lolfeydd ledled y wlad
mae soffas anniddig yn dyheu am fod yn rhywle arall –
bolaheulo mewn parc braf o bosib,
o dan gysgod coed ar gyrion dinas anghyfarwydd
a chadeiriau esmwyth yn hamddena'n foethus gerllaw.

Felly daeth yr amser i fyw tu fas
ac addurno'r byd â phapur wal diderfyn yr awyr,
creu chwyldro o'r tu fewn allan.
Na chaniatewch i'r waliau eich cyfyngu mwyach!

A phob hyn a hyn
efallai fod popty unig i'w weld
yn stelcian ar gornel yn fud
yn falch o fod ymhell o wres y gegin;
ac ar draws yr heol bydd lamp yn pwyso ar bostyn
yn obeithiol am gwmni hawdd *three piece suite*
a charped glaswelltog, ir yn cyfannu'r *look*.

Bydd toiledau'n ymgasglu'n dodji
mewn hen sgips rhwd
yn y gobaith y cânt grwydro i ganol gwyrddni
heibio'r *U-bend*
a mas i borfeydd brasach
yn rhydd, yn ddilyffethair
i oedi ar lan afonig a chlywed ei thincial chwerthin
rhwng y bleinds a'r rholiau papur.

Mae gan gelfi deimladau
ac mae angen eu maldodi,
eu gadael yn rhydd i bori
tu allan i'r tŷ.
Agorwch y llenni a dangoswch addewid o wlad arall
i bob celficyn
lle mae'r golau ynghynn a phawb adre
a chroeso cynnes
ym mharlwr y Fam Ddaear,
dim ond i chi sychu'ch traed ar y ffordd mas.

Diflaniad Llangynnwr

I'r de ar draws llain y dyffryn
lle mae'r gwartheg a'r gwyddau'n pori'r oriau,
lle mae'r afon ddisglair yn cripian
mewn a mas yn ddiog o'i gwely
ar hyd y dydd
yn gyson fel anadlu.

Draw fan 'co,
wedi iddi nosi,
pan fo'r lleuad wedi rhwydo'r sêr i wrando ar swyn ei stori,
dyna lle mae Llangynnwr
yn llan llawn lledrith y goleuadau llachar ffansi,
a thai newydd fflash yn clasho'n erbyn ei gilydd,
mae'n casglu straeon o'i chwmpas
yn creu sôn amdani
fel tipyn o le egsotig
ymysg pobol hen ffasiwn y dre.
Pentre'r tylwyth teg
yn ymrithio o siôl newydd y ddôl
a lampau'n winco'n bert ar ysgwydd swil y bryn.

Dacw nyth o gymuned,
draw fan 'co,
yn gweu DNA hyd meinwe'r strydoedd yn gyflym,
creu rhywbeth allan o ddim,
mewn amrant, mewn curiad calon,
a chadw bywydau cyfain yn ddiddos
yn ferw clòs, cynnes
sy'n edrych mor syml ag anadlu
o'r fan hyn
yn y dre.

Ac yna, un bore bach annisgwyl,
wedi rhwbo llygaid anghrediniol cwsg,
fe welwn bellach nad oes dim byd yno'r ochr draw,
dim oll ar ôl,
dim golau'n tystio i gartrefi'r llu a rhu rhialtwch y criw.
Dim cysgod strydoedd
na thai'n cwmanu'n un cwlwm sibrwd i'w gilydd
i rannu'r jôc fewnol
am fyw yr ochr *hon* i'r afon,
dim byd,
dim ond hud
a'r hen Ddyfed dwyllodrus wedi arllwys tarth
dros afon Tywi unwaith eto
i'w sblasho ar hyd y caeau.
Dim golwg o fwclis golau'r clymau perthyn newydd-ddyfod
yn addurno'r ochr draw
nac ôl yr holl fywydau fu'n britho'r bryn
unwaith.
Does dim yno nawr
dim ond tawch
a thawelwch.
Mae Llangynnwr ar goll,
wedi mynd,
wedi hwylio ymaith ar ryw gwmwl fflyrti i rywle.

Gadawyd Caerfyrddin yn gaerog fud.

GERAINT ROBERTS

Ganed Geraint Roberts yn Rhydgaled, ger Aberystwyth, a mynychodd ysgol gynradd y pentref ac Ysgol Ramadeg Ardwyn yn y dref. Oddi yno aeth i Goleg y Brifysgol, Abertawe, a graddio mewn Daearyddiaeth; yn ddiweddarach enillodd radd Meistr mewn Addysg. Bu'n dysgu yn Ysgol Ramadeg y Gwendraeth ac Ysgol Maes yr Yrfa cyn cael ei benodi'n ddirprwy bennaeth yn Ysgol Gyfun Llanbedr Pont Steffan. Yn 1997 fe'i penodwyd yn bennaeth ar Ysgol y Strade, Llanelli, ac yna yn bennaeth ymgynghorol gyda Chyngor Sir Gaerfyrddin cyn ymddeol. Mae bellach yn byw yng Nghwm-ffrwd, ger Caerfyrddin, ac wedi byw yn sir Gâr trwy gydol ei yrfa gan gyfrannu at ei gymunedau blaenorol yn Llanddarog a Rhydargaeau.

Dechreuodd ddysgu'r cynganeddion mewn gwersi yn Llanddarog o dan ofal Alan Llwyd ac ailgydiodd ynddynt adeg sefydlu Ysgol Farddol Caerfyrddin o dan arweiniad Tudur Dylan Jones ac ysbrydoliaeth Mererid Hopwood. Bu'n aelod o dîm talwrn y Sgwod a'r Rhelyw ac mae'n aelod o dîm y Fforddolion erbyn hyn. Mae wedi ennill llu o gadeiriau mewn eisteddfodau lleol yn ogystal ag Ysgoloriaeth Emyr Feddyg yn Eisteddfod Genedlaethol Caerdydd yn 2008. Ef yw cadeirydd Is-bwyllgor Llenyddiaeth Eisteddfod Genedlaethol Sir Gâr 2014.

Mae'n briod â Rhiannon ac mae ganddynt dau fab, Steffan a Llŷr, dwy ferch yng nghyfraith, Elen a Rhian, ac un wyres, Lois Martha.

Yr Ardd Fotaneg Genedlaethol

Mae coedwig o blanhigion
yno'n drefn o dan wydr hon,
erw'r ffridd yn un â'r ffrâm
a'i hawyrgylch yn wargam,
ac ecoleg sawl pegwn
a'i hacer werdd dan dô crwn.

Mae rhyfeddod pob blodyn
i'w fwynhau yn y fan hyn,
petalau a'u lliwiau'n llu
a border mewn labordy'n
rhoi parhad i'r blagur prin
a'r hadau anghyffredin.

Atyniad yw'r fotaneg
rhwng welydd y tywydd teg,
ei blodau mewn golau gwyn
a siew yw pob llysieuyn;
rhyw gae a'i haf sy ar goedd
yn fwa i'r tyrfaoedd.

A thu allan i'r panel,
yno yn uwch, un a wêl,
ein daear yn blodeuo
yn y twf, trwy wydr y to.
Daw pob perth a'i phrydferthwch
yno draw trwy'r glwyd yn drwch,
gwyrdd y coed i'r gerddi cau,
bioleg heb y waliau.

Y Frwydr

(wrth weld llun o drigolion ardal Llangyndeyrn,
ger clwyd fferm Glanrynys, yn gwrthwynebu'r cynlluniau
i foddi Cwm Gwendraeth Fach yn Hydref 1963)

Hanner canrif sy'n llifo
o'r Hydref ers y brwydro,
a daw rhyw ofn yn ei dro.

Trwy'r un iet fe ddaw eto
hen diroedd a'r gwrthdaro,
dŵr y Cwm sy'n dod i'r co'.

Ymrafael am yr afon,
ddoe o hyd sy 'nyfroedd hon
i'w glywed o dan gloeon.

Aros y mae emosiwn
y rhes hir, yna o'r sŵn
un tylwyth ddaw'n fataliwn.

Mae nod yn y munudyn,
galar yn siartiau'r gelyn
a dau gae mewn du a gwyn.

Byddin sy'n herio dinas,
am unwaith, a'i chymwynas
yw gwylio iaith y tir glas.

Daear sydd yn eu siarad,
yn ufudd yn eu safiad
am mai sgwrs oedd maes y gad.

Ac o'r cefn daw'r gwŷr o'r cae
i gyfarch, ac mae'r gwarchae'n
rhoi ergyd i greu'r argae.

A daeth haf o'r gyflafan,
y llidiart a'r bwlch llydan,
i roi'r llais yn ôl i'r llan.

Ein caerau yw'r aceri,
yn dynnach mae'r cadwyni
am mai hon yw'n hafon ni.

Geiriau

(cofnod byr mewn Beibl teulu am un a gollwyd
yn y Rhyfel Mawr)

Dyma'r 'ganed' mor gynnil
i arwr rhad Somme yr hil,
a dagrau y blotiau blêr
yw'r enw ar ei hanner.

Y brawd iau trwy'r beiro du
a'i linach yn melynu,
a chyn lleied yw'r dwedyd,
yr alffa a'r omega mud.

Un dolur lond tudalen
yw'r lliw inc rhwng cloriau llên,
a llaw un yn tyngu llw
oferedd y 'bu farw'.

Talacharn

Mae llais yn loetran ar y glannau
a'i ddadmer tyner ar y tonnau,
ac mae siarad y cymeriadau,
yn yr awel, a'r hen storïau.

Mae un ganrif fan hyn yn llifo
drwy'r aber yn rhaeadru heibio,
ar orwel lle nad oes ffarwelio,
'Dan y Wenallt' sy'n un don yno.

Ac mor ddiorffen ydyw'r bennod
yn lli y weddi ar y gwaddod;
nid yw'r clebran na chri'r gwylanod
eto'n tewi'n y twyni tywod.

Yn y pellter ac o'r dyfnderau
grŵn un enw sy'n y gronynnau,
ac mae drama'r Taf a'r holl hafau
yma i aros mewn storm o eiriau.

Dychwelyd

(milwyr *terracotta*, Xian, China)

Daw i'w res wedi'i drwsio
o'r hen glai oedd arno'n glo;
fe ddaw'n ôl i'w fyddin wâr
ac eilwaith at y galar,
yn ddewr ei bridd ar barêd
ac urddas yn ei gerdded,
yn y byw tu hwnt i'r bedd
ar ryw ddaear ddiddiwedd,
a'i enw yn ei wyneb.
Ond yr un haen sy'n dir neb,
a'r darfod oer, diderfyn
yw'r hafn hir a geir fan hyn.

Crefft

(cadair Eisteddfod Llandyfaelog a grëwyd trwy
gydweithio ffyddloniaid tafarn y Llew Coch)

Y mae haenau'r gymuned
yn ei graen yn asio'n gred;
un yw'r plwyf trwy'r cŷn a'r plân,
un ydyw ar bren llydan.

Trwy'r haf bu dwylo'r dafarn
yno'n dal ymhob un darn,
a Maelog i'r ymylon
yw oriau chwys breichiau hon.

O'r newydd, daw'r saernïaeth
ar styllen y goeden gaeth,
i uno'r ŵyl a lleisiau'r iaith,
o fonyn yn gyfanwaith.

Ysgubor

(Mudiad Ffermwyr Ifanc, sir Gaerfyrddin)

Drwy iet hwn daw cnydau'r tir, – mae ei wal
yn dal maeth y gweundir,
stôr i waddol y doldir
a tho sinc dros iaith y sir.

140

Baner

Os yw'n haws i'r Sais drws nesaf – roi'i liw
drwy'r wlad, ar fy ngwaethaf,
eilwaith, y Ddraig a hawliaf
a'i chodi'n uwch, dyna wnaf!

Deddf

Y dŵr sydd yn ystwyrian – yn y Bae'n
araf bach trwy'r graean,
ond yn mynd yn donnau mân
nes diffodd fflam San Steffan.

Y Dref Wen

Mi welaf hen ddail melyn – hydre'r iaith
yn y dref a'r dyffryn,
fy nhynged yw troi wedyn
niwl o'r fro yn haul ar fryn.

Trydar

Un cyfaill yw'r byd cyfan – ar y we
yn rhydd ei ymddiddan,
ac o'i linc daw ei gloncian
ata' i o flaen y tân.

T. M. THOMAS

Cafodd Thomas Meurig Thomas ei eni ar fferm yn ymyl Llandeilo yn 1932, yr hynaf o wyth o frodyr. Cafodd ei addysg yn yr Ysgol Genedlaethol a'r Ysgol Ramadeg yn Llandeilo. Yn bymtheg oed, yn dilyn marwolaeth ei dad, bu'n rhaid iddo gymryd gofal o'r fferm.

Bu cyfle i ddiwyllio'i hun ychydig ymhellach drwy weithgarwch y Ffermwyr Ifanc, ac yn fwy arbennig gyda chymdeithas pobl ieuanc y capel, a oedd yn llewyrchus a gweithgar ar y pryd. Wrth gymryd rhan yno y dechreuodd lunio penillion, ac un o arweinwyr cymdeithas y capel a roes y gyfrol *Y Cynganeddion Cymraeg* gan David Thomas ar fenthyg iddo. Cafodd ei ddenu gan y gynghanedd, a bwriodd ati i geisio'i meistroli. Drwy anfon ei ymdrechion i Golofn Farddol *Y Cymro*, cafodd anogaeth gan Meuryn, a daeth cystadlu ar yr englyn mewn eisteddfodau lleol yn sbardun iddo ddiwygio'i ymdrechion. Cyhoeddodd nifer ohonynt yr adeg honno mewn cylchgronau fel *Blodau'r Ffair* a'r *Genhinen*. Rhwng canol pumdegau'r ugeinfed ganrif a chanol y chwedegau bu'n aelod cyson o Dîm Sir Gaerfyrddin o *Ymryson y Beirdd*.

Wrth roi heibio cynhyrchu llaeth yn 1990 am ffurf llai caeth o ffermio y dechreuodd gystadlu o ddifrif, ac yn ystod y nawdegau enillodd gadeiriau eisteddfodol ym mhob rhan o Gymru, a chael llwyddiannau cyson yn yr Eisteddfod Genedlaethol hefyd. Cyhoeddodd nifer o gerddi yn *Awen Myrddin* ac yn *Llên Dinefwr*.

Dathlu 350 mlynedd sefydlu Capel Isaac

Ei hirhoedledd goleddwn, – a hen rin
 Yr hanes drysorwn,
 Yn ei lwydd gorfoleddwn,
 Caer i'r ffydd fu hirddydd hwn.

O gyrddau oes gwaharddiad, – ac o fyd
 Ogofâu'r addoliad
 Y deffrodd yr ymroddiad
 I roi tŷ o faen i'r Tad.

Yma daeth mawl a chymun – o'r ogof
 I'w garegwaith dillyn,
 A'i goethder yn offeryn
 Yn llaw Duw i ennill dyn.

Yn wylaidd iawn addolwn – wedi dod
 I deml eu defosiwn,
 Ac â pharch dwys cyfarchwn
 Enw da'r addoldy hwn.

Er rhoi o'i rad i'r hen dadau, – a rhoi
 O hyd drwy'r blynyddau,
 Fe erys rhwng ei furiau
 Olud o hyd sy'n boddhau.

Y crychydd

Wyliwr mud y tonnau anniddig
Gwn yn siŵr dy feddyliau unig.

Meddwl yr wyt am wleddoedd y glannau
A huliwyd gynt ar ford y traethau,

Yn llond eu cregyn, cyn i ddyddiau'r difrod
Wasgar eu gwenwyn yn ddu ar y tywod.

A chofio'r nentydd grisial yn distyll
I byllau peraidd, a gwreichion o frithyll

Yn cynnau'r dŵr, cyn i heulwen y moelydd
Gilio i nos ormesol y pinwydd.

A'r llygredd di-ffrwyn bellach yn hawlio
Ein byd a'n bywyd, pob cilfach ohono.

Almanac

Yn troi mae'r dalennau'n
Gyflymach na chynt,
A dyddiau fy hydref
Yn ffoi fel y gwynt,
A dim ond ychydig
Yn aros i'w troi,
Nesáu mae'r un olaf
Heb fodd ei hosgoi.

Y siwrnai drwy'r gwanwyn
A'r haf sydd ar glawr
O fewn ei ddalennau,
A melys yn awr
Yw blasu'r hen degwch
A geir yn eu côl
Wrth droi y dalennau
Drwy'r dyddiau yn ôl.

Golud

Drws prynhawnol yr ysgol
Yn arllwys ei lwyth
Bywiog i'r stryd.
Troliant ar wasgar fel afalau
Cyn eu casglu'n ddi-lol
I'r blychau sy'n rhes yn eu disgwyl.

A'r stryd yn gwagio'n swnllyd,
Treigla o'r ysgol
Yr un-dyn-bach-ar-ôl,
Ei faich
Yn stori drist ar ei wyneb.

Ond gwyddai ei fam
A redodd i'w gasglu i'w mynwes
Fod sofren
A fathwyd yn feius
Mor anhygoel o werthfawr.

Twristiaid

Disgynnant megis haid o jac-y-do
Pan gilia dyddiau ola'r niwl a'r rhew,
Eu clegar uchel fydd ym mwytai'r fro
A'u ceir ar hewlydd cul y wlad yn dew.
Pigant drwy ymysgaroedd y siop fach
Â llygad awchus am ryw foethyn cudd,
Tramwy drwy gestyll a thai mawr y crach
Cyn hedfan am y traeth yng ngwres y dydd.
Yn ffyddiog iddynt brofi'n weddol lwyr
O'r briwsion prin a roed i'n tir gan ffawd,
Croesant y ffin yn sgornllyd gyda'r hwyr,
Yn ddall i'r cyfoeth dan y plisgyn tlawd
Sy'n swyno'r craff, y wefr sydd yn sir Gâr
O Bantycelyn i fro'r 'Filltir Sgwâr'.

Llyfr

Fe ddaw o haul coeth feddyliau, ac aur
Rhagoriaeth rhwng cloriau,
A gwledd o hedd sy'n boddhau
O luniaeth ei ddalennau.

Gŵyl y geni

Er ei throi'n ruthro hynod – y gwario,
Boed i'w gwir ryfeddod
Ein dwyn i addfwyn wyddfod
Y puraf, rhyfeddaf Fod.

Hen Eglwys Llanddyfeisant

Lle bu'r ffyddlon yn nydd ei gogoniant
Yn tramwy'i heiliau, daeth taw i'r moliant,
Ni cheir sain ei chôr a'i saint, – côr y wig
Yw'r unig fiwsig yn Llanddyfeisant.

DAFYDD WILLIAMS

Ganwyd Dafydd ym mhlwyf Llanfrothen ar gyrion uchaf Penrhyndeudraeth. Derbyniodd ei addysg gynnar yn Ysgol y Penrhyn ac yna yn Ysgol Ramadeg y Bermo cyn iddo fynd i astudio'r Gyfraith ym Mhrifysgol Cymru Aberystwyth. Mae'n falch iawn o gefndir a diwylliant ei deulu a'i fro enedigol. Ym mro Gwilym Deudraeth, Tom Richards, Ioan Brothen ac amryw eraill, roedd datblygu diddordeb mewn barddoniaeth – ac yn arbennig englyna – yn rhywbeth na ellid ei osgoi. Ar ôl graddio treuliodd ddwy flynedd yn gwneud ei erthyglau yn Nolgellau cyn symud i fro Caerfyrddin yn 1960; ymgartrefodd yn Sanclêr rhyw flwyddyn neu ddwy yn ddiweddarach, ac yno y mae o hyd. Mae'n briod â Nest ac yn dad i bedwar o feibion ac wyth o wyrion a wyresau sy'n ei gadw'n ifanc.

Ymunodd ag Ysgol farddol Caerfyrddin yn fuan wedi iddi gael ei sefydlu ac wedi hynny daeth yn aelod o dîm Talwrn y Sgwod a'r Rhelyw. Mae'n cyfaddef na chafodd y chwilen gystadlu afael ynddo. Wedi blynyddoedd prysur byd y gyfraith, barddoni fel y daw mympwy'r Awen heibio i'w gyffroi a wna.

'Sioned Penffridd 1883'

Fel yna naddwyd yn y llechen las
Mewn wal hen chwarel, ymdrech dwylo gynt
I'th anfarwoli. Mae'r llythrennau bras
Hyd heddiw'n ddarllenadwy, er i'r gwynt
A'r hin dyneru peth ar nadd y gain
Fu'n crafu angerdd gŵr i'r geiriau mud.
Ai gwewyr hiraeth a gymhellodd rhain
Neu obaith un a'i serch am rannu'th fyd?
Ni ddwed tomennydd llwyd y rwbel ddim,
Na chrawc y gigfran o'r clogwyni fry.
Ni wnânt ond tystio i'r blynyddoedd chwim
Ddileu pob atgof am y cyffro fu.
Ar garreg arall, bellach, gwn yn iawn,
Fe naddwyd eto'n glir dy enw'n llawn.

Gwefr

(ar ôl gweld darlun Turner, *The Fighting Temeraire*)

Noson o haf ar Dafwys
a gwin y machlud yn gŵys
tua'r gorwel, lle gwelir
rhamant aur ar rimyn tir.
O'i chynefin, brenhines
cefnfor maith ar daith trwy des;
heb hwyliau, heb awelon
i'w dwyn o bell gyffro'r don.
Trwy'r cyfnos a'i ros, lle rhed
i'w angof ddydd a'i dynged,
mae rhith real yn llithro
o'r cynt i gilfachau'r co'.

Rhaff

A fu rhyw dywysoges hardd
yn cysgu'r nos ym mhen yr ardd,
gan adael rhaff o berlau cain
wrth godi'r bore, ar frigau'r drain?
Dim ond trigolion gwlad yr hud
a wisgai y fath drysor drud.
Er aros yno'n ddyfal iawn
o'r bore bach hyd at brynhawn,
yn hollol siŵr, fe dybiwn i
mai casglu'r trysor a wnâi hi.
Ni welais neb, er syllu'n graff –
yng ngwres yr haul, hi aeth â'r rhaff.

Mewn gorsaf

Os ydi'r trên o Gaer i Fangor
chwarter awr yn hwyr neu ragor,
a'r trên o'r Jyncshon i Fetws-y-coed
yn gadael tua phedwar, fel gwnaeth hi erioed,
fan hyn y byddaf, mi wn o'r gore,
yn cysgu'r nos i aros y bore.
Roedd ei galw'n Arriva yn ddewis rhyfedd –
fe gyrhaeddwch, rywbryd, ond rhaid cael amynedd.

Iechyd a diogelwch

Daeth tri o ddynion yr HSE
yr wythnos diwetha' i'n capel ni
a rhoi offer rhag tân wrth y pwlpud a'r ddôr;
nid oedd modd anghytuno,
er i'r blaenoriaid egluro
na fu tân yn Engedi ers *nineteen o four* 1904.

Colled

(gweld hen gapel Nazareth yn dadfeilio)

Tyf grawn y lleithder lle bu paderau
yma i'w herio o drwch y muriau
yng ngwres addoliad seiat brofiadau.
Yno mae heno, nid sain emynau
i dystio hwnt i'r distiau, – ond alaeth
a si o hiraeth am hen amserau.

Pydra'r seddau lle roedd gorau gwerin
o hen arddeliad yn daer ar ddeulin.
Ond a yw goslef rhai oedd gynefin
â rhin y Gair ac â chyd-rannu gwin
yno ynghudd yn rhuddin – y murddun,
yn gaer y cymun rhag oer y comin?

Neges

(cloch eglwys)

Er mor felys yw gwŷs gyson y gloch
    Fe glywn dinc morthwylion
    Yn anelu yr hoelion
    I drist bren yn acen hon.

Ni all neb

Ni all neb ar fore Calan
ddweud y gwêl y flwyddyn gyfan;
pwy a ŵyr na ddaw, cyn Rhagfyr,
yr hen elyn gyda'i bladur?

Ni all neb sy'n llunio pennill,
wrth aredig tir yn Ebrill,
fod yn sicr y gwêl aeddfedu
ar y grawn yn heulwen Medi.

Pan yn anterth rhewynt Tachwedd
ni all neb ddweud, 'dyma'r diwedd'.
Nid i ddyn mae penderfynu,
Duw ei hunan sy'n gwneud hynny.

HARRI WILLIAMS

Brodor o Nefyn yn Llŷn yw
Harri yn wreiddiol, a symudodd
y teulu i gyffiniau Aberdaron yn
ddiweddarach. Cafodd ei addysg
yn Ysgol Gynradd Nefyn, Ysgol
Ramadeg Pwllheli a Phrifysgol Cymru Aberystwyth.
Bu'n dysgu wedyn am gyfnod yn Lloegr, cyn dychwelyd
i ymgymryd â swydd yn Rhydaman ac yna yng Ngholeg
Technegol Llanelli (CCTA). Mae'n briod â Beti o bentref
Gwynfe, ger Llangadog, ac roedd hyn yn ddigon o
reswm iddo ddod i'r de. Mae ganddynt dau o feibion a
dau o wyron – Evan ac Emiah.

Iaith Pen Llŷn sydd ganddo o hyd ar ôl treulio dros
hanner can mlynedd yn y de ac mae'n dal i'w chael yn
amhosib newid ei acen – er nad yw wedi gwneud llawer
o ymdrech.Y penrhyn hwnnw yw ei hoff le o hyd, ac
mae ei gyfansoddiadau yn aml yn adlewyrchu hynny.
Erbyn hyn mae wedi ymgartrefu yn sir Gaerfyrddin ac
wedi bod yn aelod brwd o dîm llwyddiannus y Sgwod
yn y gyfres *Talwrn y Beirdd* a'r Rhelyw wedi hynny.

Mae Harri wedi ennill cystadleuaeth y soned
ddwywaith yn yr Eisteddfod Genedlaethol a heblaw am
lenydda, ei brif ddiddordeb yw byd natur, yn enwedig
adarydda. Mae hefyd yn aelod brwd o Gymdeithas
Edward Llwyd ac yn gyn-gadeirydd y gymdeithas
honno.

Llwybrau

Llinellau cul ar draws y Garreg Lwyd
Sy'n arwain hyd y llethrau, dros y grib,
Heb un clawdd terfyn a heb angen clwyd,
Dim ond tawelwch bref ac ambell chwib.
Denu mae'r galchfaen sych a'i blewyn glas
Famogiaid rhwyfus gyda'u hŵyn o'u hôl;
Heb oedi'n hir cânt bori gyda blas
Arhosfa'r Mynydd Du o gaethle dôl.
I'r preiddiau hyn mae rhwydwaith greddf yn gry'
A'r cymhleth wead eglur dan eu troed,
Cynefin eu magwraeth ddena'r ddu
A'r ŵyn i'r erwau crin i gadw'r oed.
A phan ddaw hydref rhaid fydd eto droi
Yn ôl i'r gwastadeddau ddydd crynhoi.

Addewid

Bu'r adar to a'r mwyalch du
Yn ôl a 'mlaen o gylch y tŷ,
Ac ambell Jac a gwylan wen
Yn gyson stwrllyd iawn uwchben;
Dim ond eu sŵn fel Babel gynt
Drwy'r gaeaf hir ar donnau'r gwynt.

Un fflach a gefais fore ddoe
Yn dweud fod arall yn y sioe,
Ei gweld hi wedyn? Na, fel saeth
A'i chynffon hir, i ble yr aeth?
Ni wna un wanwyn, gwn yn iawn,
Ond arall ddaeth cyn diwedd pnawn.

Rhybudd

Os daw'r mor a'r afon Tywi
I orlifo gyda'i gili',
Mae rhyw sôn bydd tref Caerfyrddin
Yn y dŵr ger Abercywin.

157

Hen Feibl teulu

Wrth benelin mae cyfrinach o'n doe
    Rhwng cloriau dail mwyach,
    Cenfigen yw crechwen crach,
    Dal yno mae dy linach.

Gwerthu oen llywaeth (Swci)

Ymatal er tor calon, a'i golli
    I'r gyllell oedd greulon,
    Ffrind a fu yn llamu'n llon
    Hwn a aeth yn olwythion.

Natur

Daw gwahoddiad y gwyddon yn dawel
    Drwy'r düwch rhyw noson,
    Gyda'i gusan mae'n anfon
    Friallu lu i ymyl lôn.

Llaw

(wyres newydd)

A gaf i gyfri? Dyma Bibowtyn,
A phwy sydd wedyn? Yr hen Dwm Swclyn,
Ac yn y canol fe ddaw Rhys Harries
A drws nesa iddo fo, John Dafis;
Mae un ar ôl, Wil Bach ydi hwnnw
Os edrych arni, mae pawb ag enw.

Mae eraill hefyd os ei i holi –
Cei Fenni Fenni a chefnder iddi;
Daw Wili Daboth ac Ifan Grogws
A'r bys bach eto, mae pawb yn gymws,
Gafaela yn dynn, mae teganau drud
Yn cadw cwmni i ti yn dy grud.

Fe fyddant yn fodlon ar hyd y daith,
Y ffrindiau bach sydd yn cynnal iaith;
Tyrd â nhw at ei gilydd i ffurfio llaw
Gan ei chynnig hi i bwy bynnag ddaw:
Bibowtyn, Twm Swclyn a'r lleill i gyd,
O ddod at ei gilydd gallwch newid y byd.

Beirdd Bro'r
Eisteddfod

Gol. John Glyn Jones

Cyhoeddwyd ar gyfer Eisteddfod Genedlaethol Sir Ddinbych a'r Cyffiniau.